MARIO MANZO

INVESTIRE NELLE NUDE PROPRIETÀ

Scopri i Vantaggi dei Diritti Reali Immobiliari e dell'Usufrutto a Tempo Determinato

Titolo

"INVESTIRE NELLE NUDE PROPRIETÀ"

Autore

Mario Manzo

Editore

Bruno Editore

Sito internet

www.brunoeditore.it

ATTENZIONE: investire in immobili è rischioso

Le strategie riportate in questo libro sono frutto di anni di studi e specializzazioni, quindi non è garantito il raggiungimento dei medesimi risultati economici. I risultati passati ottenuti dall'autore non forniscono alcun tipo di garanzia per i guadagni futuri. Il lettore si assume piena responsabilità delle proprie scelte economiche e finanziarie, consapevole dei rischi connessi a qualsiasi forma di investimento in immobili. I casi di studio e gli esempi contenuti nel testo sono frutto di notizie e opinioni che possono essere modificate in qualsiasi momento senza preavviso e non costituiscono sollecitazione all'acquisto o alla vendita di immobili e al pubblico risparmio.

L'unico scopo è di fornire elementi di studio sull'andamento del mercato immobiliare, pertanto non possono essere considerate come previsioni certe e non mettono al riparo dal rischio insito nelle operazioni di investimento in immobili.

L'Autore e l'Editore declinano ogni responsabilità su eventuali inesattezze dei dati riportati, danni, perdite economiche, danni diretti o indiretti derivanti dall'uso o dalla divulgazione delle informazioni contenute in questo libro.

Sommario

Introduzione

Sono nato a Roma e ho vissuto molti anni all'estero: in Brasile, in Argentina e in Francia, dove ho completato i miei studi e ho assunto quella mentalità cartesiana che attribuisco a questo popolo e che mi ha offerto una migliore capacità d'analisi.

Costruttore, industriale e commerciante, ho sempre mantenuto vivo il mio interesse per gli immobili e l'economia. In questo saggio, intendo appunto spiegarti come investire nel settore immobiliare.

Applicando le soluzioni che ti proporrò, potrai mettere ordine nei tuoi investimenti, facendoli diventare molto più redditizi, e potrai migliorare non solo la tua attività, ma anche la qualità della tua vita.

La proprietà è un diritto istintivo diffuso negli uomini e negli animali e si riferisce principalmente alla tana o alla casa, che rappresentano un rifugio, una protezione contro l'ignoto, un luogo dove è possibile abbassare la guardia.

Il semplice istinto di possesso, soddisfatto dall'avere nella propria disponibilità un oggetto o un bene, si è evoluto nel diritto di proprietà così come lo conosciamo oggi. Questo diritto può essere rivendicato nei confronti di tutto ciò che è di propria assoluta disponibilità, in modo che tutti gli altri debbano rispettarne l'esclusiva possibilità d'uso, impiego e sfruttamento, anche e soprattutto in assenza di sorveglianza.

È un concetto di struttura gracile, che si è evoluto adeguandosi alle varie interpretazioni che la società ne ha dato durante la sua storia. Di recente è stato soppresso in alcuni Stati e in altri ha assunto significati completamente diversi da quello istintivo che lo ha originato.

È un principio che mal si attaglia alle popolazioni nomadi, che, non essendo legate al territorio, non costruiscono "tane" e, essendo prevalentemente raccoglitori-cacciatori, non coltivano la terra.

Noi, che invece abbiamo assunta la proprietà come diritto tutelato dai codici, l'abbiamo distinta dal diritto temporaneo di usare in esclusiva un bene di proprietà altrui, che torna nella disponibilità assoluta del proprietario quando termina il periodo d'uso concesso. Questa distinzione deve essere applicata più diffusamente ai beni come rimedio all'attuale situazione economica, che non permette più prelievi eccessivi di reddito e sprechi di ricchezza.

Avviciniamoci all'argomento con semplicità e gradualità. Partendo da un'analisi panoramica, ci avvicineremo al dettaglio importante, che poi metteremo a fuoco con la stessa graduale penetrazione delle *Google maps*.

Buona lettura,

Mario Manzo

GIORNO 1:
Come valutare la situazione economica attuale

L'origine della situazione economica attuale è intimamente connessa con l'andamento del mercato immobiliare e la prima ha la capacità di influire sull'evoluzione del secondo. Che tu sia un risparmiatore/investitore, un intermediario commerciale o semplicemente l'utilizzatore di un immobile in cui abiti o lavori, la conoscenza di questa connessione è indispensabile perché tu possa muoverti in questo settore.

La cognizione di tutti i vari fattori economici permette, soprattutto a chi opera nella compravendita degli immobili, di svolgere un'azione consapevole, che gli faccia cogliere, senza esitazioni, le opportunità del settore.

Pieno di sorpresa, più di qualche volta ti sarai chiesto: «Com'è possibile che quello che prima costava 10.000 lire possa ora tranquillamente essere proposto a 10 euro? Il cambio euro/lira non doveva essere di circa 2000 lire per un euro? Ciò che costava 10.000 lire non dovrebbe quindi costare ora circa 5 euro?».

Ti sarai chiesto anche più volte di chi sia la colpa di questa perdita di valore della nostra vecchia moneta, che, una volta convertita in euro, non è stata più in grado di mantenere il suo potere d'acquisto. Le colpe dei produttori e dei commercianti sono innegabili, ma i loro sono stati solo peccati veniali.

Nel redigere i nuovi listini con i prezzi in euro, questi ultimi avranno certamente approfittato un poco dell'assenza di controlli pratici e saranno stati tentati di sfruttare la situazione per il loro tornaconto. Avranno di certo arrotondato il risultato dell'applicazione della parità concordata tra le Banche Centrali Europee. Si sarà però trattato di sconfinamenti marginali.

La vera spiegazione della sproporzione tra la parità ufficiale e il nuovo potere d'acquisto dell'euro nel nostro mercato interno deve essere ricercata esaminando con attenzione il meccanismo adottato per fissare questa parità lira/euro.

SEGRETO n. 1: nel passaggio lira/euro la speculazione dei

produttori e dei commercianti sui prezzi è stata marginale.

Quando il nostro Paese decise di entrare a fare parte del mercato comune, avevamo un debito pubblico di circa 2 milioni di miliardi di lire, che era sproporzionato rispetto al nostro prodotto interno lordo.

Il debito, che a ogni modo era stato sottoscritto principalmente dai risparmiatori italiani, ci impediva di entrare nel Club dell'euro, almeno fino a che non fosse stata rettificata l'incidenza che questo aveva sul valore della lira, così come stabilito sino a quel momento nei cambi ufficiali.

I membri di quel circolo di nazioni, allora esclusivo, non erano disposti a costruire un'unica massa di monete nella quale avrebbero diluito la loro ricchezza col mare del nostro debito presente e futuro. Per questo motivo eravamo considerati un elemento di rischio da evitare.

Non si poteva certamente pretendere che, nell'arco di qualche mese, l'Italia riportasse il suo debito pubblico a un livello più accettabile, compatibile con i parametri che erano stati definiti dalle autorità monetarie, e che per entrare in Europa raggiungesse una proporzione tra debito pubblico e pil che allora appariva lontana, se non addirittura utopistica.

Già cinquanta anni prima, De Gasperi, Schuman, Spack e gli altri europeisti della prima ora avevano lavorato per la moneta unica, un risultato dal quale adesso rischiavamo di essere esclusi all'ultimo momento. Si doveva superare quest'immenso ostacolo e consentire al nostro Paese di entrare a fare parte di questo consesso.

Per ridurre il debito pubblico, si sarebbe potuta percorrere la strada maestra delle manovre finanziarie lacrime e sangue. Nessuna forza politica sarebbe però mai stata in grado di farle approvare, senza dover poi pagare un prezzo politico smisurato, forse anche mortale, anticipando di qualche anno ciò che è accaduto recentemente in Grecia.

Tra l'altro, se avesse richiesto sacrifici così pesanti, l'adesione dell'Italia all'euro sarebbe stata a rischio di bocciatura da parte della maggioranza della popolazione, che non sarebbe stata disposta ad abbandonare volontariamente il proprio tenore di vita, per ottenere un beneficio che a molti appariva improbabile e superfluo.

Alla vigilia della conversione della nostra moneta con l'euro, si svolse dunque una disputa sulla parità della lira con il marco tedesco, che era destinato a far da perno per il calcolo dell'euro. L'obiettivo era ricercare un equilibrio sostenibile che tenesse conto anche dell'incidenza del nostro debito pubblico, dei nostri endemici passivi di bilancio e della nostra instabilità politica.

Si finì per stabilire che la nuova parità – che sarebbe poi diventata la base del cambio lira/euro – doveva attestarsi su mille lire per un marco tedesco. Non era un compito di semplice esecuzione. La soluzione concordata e adottata furono un misto di provvedimenti di bilancio e d'ingegneria finanziaria, studiati da alcuni e forse incomprensibili per tutti gli altri.

Era infatti già noto prima del 1995 che la parità della lira con il marco tedesco, qualora fosse stata fissata a quota 1.000, sarebbe stata irreale e apparentemente penalizzante per la lira.

Il 3 aprile 1993 sulle pagine del *Corriere della Sera* si leggeva che, nel giorno più difficile per la lira, tre grandi economisti stranieri e un centinaio d'operatori economici si erano riuniti nel salone della Borsa di Milano, per partecipare a un forum sul ruolo dell'Italia nel contesto internazionale, organizzato dalla società Analysis.

Al giornalista Rocco Cotroneo che insisteva a chiedere: «La lira è sottovalutata o no?», l'americano Henry Kaufman, economista di fama, rispose: «Il prezzo della lira rispecchia quello che la lira vale. I mercati valutari sono molto volatili e i flussi sono facilissimi. Oggi la debolezza della moneta italiana riflette le incertezze politiche, oltre naturalmente all'onere del debito pubblico e alla continua necessita di fondi per lo Stato».

Giacomo Vaciago, allora consigliere economico del Governo, invitò a non strabuzzare gli occhi davanti a una lira a "quota mille". La crisi valutaria iniziata a giugno era dunque scritta da tempo, almeno da anni. La stessa teoria economica sosteneva in tempi non sospetti che i rapporti di cambio con i quali si pensava di arrivare all'unione monetaria erano irrealistici. Per Vaciago, infatti, «anche la Banca d'Italia ha precise responsabilità».

Il Consiglio europeo, riunito al vertice di Madrid nel dicembre 1995, fissò definitivamente il calendario del passaggio all'euro, disponendo che l'introduzione della moneta unica europea dovesse avvenire entro il 2002. Il periodo di transizione fu diviso in tre tappe successive: dalla preparazione della nascita dell'euro fino alla sua generale adozione.

Basandosi sulla "pagella" dei quindici Paesi membri (il grado di convergenza quale risulta dal rapporto della Commissione Europea del 25 marzo 1998), l'Ecofin fissò la definizione dei tassi di conversione.

	Deficit% pil	**Debito% pil**	**Inflaz.**	**Tassi/interesse**
Germania	2,7	61,3	1,4	5,6
Francia	3,0	58,0	1,2	5,5
Italia	2,7	121,6	1,8	6,7
Gran Bret.	1,9	53,4	1,8	7,0
Spagna	2,6	68,8	1,8	6,3
Olanda	1,4	72,1	1,8	5,5
Belgio	2,1	122,2	1,4	5,7
Svezia	0,8	76,6	1,9	6,5
Austria	2,5	66,1	1,1	5,6
Danimarca	+0,7	65,1	1,9	6,2
Finlandia	0,9	55,8	1,3	5,9
Grecia	4,0	108,7	5,2	9,8
Portogallo	2,5	62,0	1,8	6,2
Irlanda	+0,9	66,3	1,2	6,2
Lussemb.	+1,7	6,7	1,4	5,6
MEDIA UE	2,4	72,1	1,6	6,1
Maastricht	3,0	60,0	2,7	7,8

Parità centrali con l'ECU

Moneta	*Parità*
Franco belga	40,7844
Corona danese	7,54257
Marco tedesco	1,97738
Peseta spagnola	168,220
Franco francese	6,63186
Lira italiana	1.957,61
Fiorino olandese	2,22799
Scellino austriaco	13,9019
Escudo portoghese	202,692
Marco finlandese	6,01125
Sterlina irlandese	0,796244

I governatori delle Banche Centrali dei maggiori Stati europei, in accordo con noi, escogitarono una soluzione che, se tutto avesse funzionato bene, avrebbe consentito il nostro ingresso nell'esclusivo consesso europeo e avrebbe anche avuto un benefico riflesso per la nostra economia interna.

La parità di cambio venne quindi fissata in circa 2000 lire per 1 euro. Questa decisione fu adottata ben sapendo che tale cambio non era verosimile e che, nella realtà, si stava svalutando la nostra lira del 40% nei confronti del marco tedesco. Si acconsentì a farlo soltanto con lo scopo di ridurre l'incidenza del nostro debito pubblico sul nostro prodotto interno lordo.

Nella realtà, il cambio della lira con la nuova moneta si è però automaticamente attestato sul suo vero valore, quello che si sarebbe mostrato compatibile con il nostro sistema produttivo, con la rete dei nostri servizi e con la nostra produttività. Altrimenti, se il nostro Paese avesse voluto mantenere inalterato nel tempo questo cambio ufficialmente definito, avrebbe dovuto fare un impossibile balzo di qualità e di efficienza.

Il sistema, lasciato fluttuare liberamente, si è automaticamente posto in sintonia con tutti gli altri elementi dell'economia, avvicinandosi al reale valore della nuova moneta. Di fatto, come spesso ora avvertiamo, il cambio ha finito per essere di circa 1000 lire per ogni euro, ovvero circa la metà di quello annunciato.
Con questa manovra si è realizzata una riduzione del debito

pubblico superiore a quella concordata. In effetti, il nostro debito è passato da 2 milioni di miliardi di lire a circa 1850 miliardi di euro.

Dove sono andate a finire le lire di debito che sono scomparse? Una parte è stata pagata con le manovre finanziarie e per il resto si è provveduto con una moderna "tosatura" della moneta.

Il debito pubblico così scomparso è stato pagato sottraendo valore alla moneta che era nelle tasche dei cittadini – molti dei quali improvvisamente si sono trovati con uno stipendio insufficiente a mantenere inalterato il proprio tenore di vita –, "potando" i depositi di risparmio e sottraendo valore ai crediti in lire.

Con quest'operazione, il nostro Stato si è trovato con un debito pubblico svalutato, al pari di quanto accaduto con i depositi in lire dei privati. In compenso, noi tutti siamo diventati più ricchi, perché teoricamente su ogni cittadino grava una parte minore di debito.

SEGRETO n. 2: l'aumento del potere d'acquisto della valuta con il cambio da lira a euro ha provocato un effettivo

raddoppiamento dei prezzi.

Se non si fosse verificata la crisi finanziaria di origine statunitense, questa ingegnosa soluzione, benché onerosa per tutti, avrebbe rimarginato la situazione nel giro di qualche anno. Il decorso benigno sarebbe stato favorito da un incremento del prodotto interno, dovuto alla nostra migliorata situazione economica.

Sì, perché, se un'attenuata litigiosità politica e sindacale l'avesse consentito, avremmo potuto beneficiare di un nuovo flusso d'investimenti esteri, attratti anche dalla maggiore stabilità che il nostro minor debito pubblico avrebbe assicurato. Questo avrebbe portato a un'espansione del nostro prodotto interno lordo. Ma così non è stato.

Purtroppo i prezzi dei beni e dei servizi sono stati tradotti ciecamente da lire a euro senza seguire il cambio ufficiale. La loro anarchica definizione si è evidenziata più marcatamente in alcuni prodotti, quali i valori immobiliari, che si sono così illusoriamente raddoppiati, allontanandosi dalla capacità d'acquisto della maggior parte delle persone.

L'attuale situazione di stallo è ora aggravata dalla crisi economica globale, la più importante dai tempi della "Grande Depressione" del 1929. A livello mondiale fino a oggi è stata bruciata una ricchezza finanziaria pari a 9 trilioni di dollari, più o meno il valore di tutto il patrimonio immobiliare italiano.

La situazione ha logicamente innescato una lenta e contenuta revisione al ribasso dei valori degli immobili, che si aggiunge al quadro valutativo e alla restrizione del credito destinato ai mutui per la casa da parte del sistema bancario. Tutto questo non ha mancato di produrre altri effetti negativi sull'andamento del mercato.

Fortunatamente, nel concedere i mutui, il nostro sistema bancario si è esposto mediamente fino al 50 % della garanzia offerta. Il valore degli immobili posti a garanzia del debito finanziato dai mutui è stato calcolato per la maggior parte ancora in lire, prima del cambio della moneta, e ora risulta molto inferiore ai valori di mercato.

Anche se questi valori, schiacciati dalla crisi delle vendite, dovessero ridursi ancora, restituiranno soltanto in parte la plusvalenza dovuta al cambio della moneta e resteranno comunque sicuramente superiori ai valori indicati dalle perizie fatte per concedere il mutuo.

Analizziamo assieme le cause della crisi mondiale che ha coinvolto la nostra fragile economia e che ha investito il mercato degli immobili del nostro paese, così da poter formulare delle previsioni attendibili.

Il punto di partenza della crisi, che da finanziaria è divenuta immobiliare, può riconoscersi nel meccanismo della cosiddetta cartolarizzazione dei crediti ipotecari, ideato nel 1983 da una consociata della multinazionale americana *General Electric*.

Tale strumento finanziario prevedeva l'accorpamento dei crediti ipotecari posseduti dalle banche in veri e propri titoli di credito, in seguito suddivisi e frazionati in distinti portafogli, che in un secondo tempo erano venduti generando un immediato ritorno economico (senza dover cioè attendere il rimborso rateale dei mutui).

Inizialmente tale meccanismo era stato pensato per i prestiti ipotecari concessi a mutuatari che presentavano credenziali affidabili. In un secondo tempo, grazie alla straordinaria ripartizione del rischio che il frazionamento dei titoli (asset) permetteva, le banche ritennero di potere applicare tale tecnica, in modo particolarmente lucrativo e senza incorrere in perdite significative, anche a prestiti ipotecari di dubbia solvibilità.

Fu così che gli istituti di credito iniziarono a concedere mutui per l'acquisto di una casa anche alle persone che non erano in grado di fornire particolari garanzie. Il successo pubblico di tale manovra finanziaria fu enorme.

La particolare appetibilità di questo sistema ha sortito l'effetto di far crescere il livello dei prezzi del mercato immobiliare. Questo, se da una parte ha favorito le titolari degli asset collegati agli immobili da loro garantiti, il cui valore di stima è progressivamente aumentato nel tempo, dall'altra ha reso sempre più oneroso per le famiglie l'acquisto di una casa.

Il sistema dei *subprime* ha, infatti, innescato un meccanismo perverso che, paradossalmente, ha portato alla bancarotta proprio i soggetti economicamente più deboli, per aiutare i quali era stato in origine ideato.

In considerazione dell'elevato livello dei prezzi degli immobili, gonfiati dalla crescente domanda di questi pacchetti definiti asset, e sulla spinta dei tassi di interesse particolarmente contenuti di questi ultimi anni, gli istituti finanziari hanno cominciato ad accendere mutui a cuor leggero e con grande facilità.

In tal modo, hanno contribuito ad aumentare il numero dei mutui e ad accrescere il valore di quegli stessi asset immobiliari, fino al punto di rendere, se non impossibile, comunque eccessivamente oneroso, l'acquisto della casa in contanti per la massa degli acquirenti. Questo è ciò che è accaduto negli Stati Uniti e che ha creato gli effetti di cui tutti oggi si lamentano.

Le banche USA hanno concesso mutui sino al 100% del valore

dell'immobile avuto a garanzia. Inoltre, ogni volta che il valore di mercato del suo immobile aumentava, il debitore poteva richiedere e ottenere dalla banca una nuova somma di denaro in prestito, che andava così a sommarsi a quanto già ottenuto con la stessa garanzia.

Non basta. Per ottenere la liquidità necessaria per continuare a fare il loro lavoro, le banche hanno rivenduto questi mutui in pacchetti grandi, di 1000, 3000 pezzi ciascuno, a banche d'affari. Queste ultime, a loro volta, e per la stessa ragione, ne hanno fatto oggetto di obbligazioni complesse, frutto di ingegneria finanziaria.

Con la partecipazione delle più importanti compagnie di assicurazione del mondo, tutte degli Stati Uniti, hanno formato ulteriori titoli di credito derivati. Le nuove obbligazioni, il cui rendimento era assicurato da queste compagnie di assicurazione, sono state vendute a tutte le banche del mondo (poche italiane) e a molti enti (anche nostri). Alcune sono anche andate a finire nelle casse delle nazioni emergenti.

SEGRETO n. 3: la crisi del mercato ha avuto origine dal fatto che le banche americane hanno concesso mutui che sopravanzavano la loro solidità finanziaria.

Questi, che ora sono stati definiti "titoli tossici", si sono svalutati a causa della perdita di valore degli immobili posti a garanzia dei mutui, sui quali si reggeva tutto questo castello, che si è più che dimezzato.

La banca mutuante è stata costretta a richiedere al suo debitore-mutuatario di ricostituire la parte di garanzia che si era volatilizzata con la crisi dell'edilizia. Il debitore aveva solo due possibilità: adempiere la richiesta della sua banca o, in alternativa, abbandonare la casa.

La stessa cosa doveva essere fatta da tutta la "catena di Sant'Antonio" che aveva creato i titoli derivati. Era l'unico modo per cercare di mantenere inalterato il valore di questi titoli che erano stati messi in circolazione e che ora venivano come colpiti da un'infezione, che propagava la sua tossicità fino al patrimonio di coloro che li avevano in portafoglio.

Dove trovare la liquidità necessaria? Da qui la crisi delle banche d'affari, che hanno emesso i titoli, e la contestuale crisi delle assicurazioni, che li hanno garantiti.

Questa è la causa del fallimento delle banche americane, della carenza di liquidità del mercato (che ha coinvolto anche il nostro Paese) e della garanzia sulla solvibilità degli istituti bancari subito offerta dai Governi, per puntellare la torre prima che finisse tutta in macerie.

SEGRETO n. 4: la scarsità di mezzi finanziari su scala mondiale ha inaridito anche il piccolo circolo economico italiano.

Con questi "titoli tossici", basati sulla presunzione di una continua espansione del valore degli immobili e dell'economia americana, è stato in parte anche finanziato il commercio internazionale, che ha contribuito a mettere in moto il volano del benessere in Paesi sino a quel momento attanagliati da una povertà endemica. Come sempre, il male non sta mai da una parte sola. Il sistema, in teoria, non era soltanto maligno.

Forse, come ritenevano le autorità finanziarie statunitensi, era una geniale applicazione di una tecnica finanziaria che permetteva di ampliare le possibilità di fare dei pagamenti con del denaro che si riproduceva da solo, come fa un'eco in montagna.

Forse era soltanto un sistema soltanto teorico, distaccato dalla realtà, mosso da una sua vitalità indipendente e avulso dal contesto.

Di certo sono mancati i controlli sulla capacità di reddito dei primi obbligati e sulla formazione del credito. Con maggiore severità, tutto sarebbe forse andato diversamente. Questi titoli dovranno ora essere tenuti nel cassetto e potranno in seguito essere sostituiti da altri più correttamente costruiti.
La crisi dei mutui concessi con garanzie insufficienti è stata solo la scintilla che ha dato fuoco al granaio, che ha così messo in mostra tutta la sua fragilità. Ora anche un lembo dell'infiammabile tessuto dei debiti pubblici degli Stati, troppo vicino ai tizzoni della crisi finanziaria, potrebbe innescare un

incendio al quale nessuna delle ricette sino a ora poste in essere saprebbe porre rimedio.

Questa crisi, che è nata finanziaria ed è divenuta economica, ora potrebbe divenire anche politica. I debiti dei mutuatari incapienti sono stati garantiti dalle banche e dalle assicurazioni, i debiti di queste ultime sono stati garantiti dagli Stati.

Ma ora chi garantirà che gli Stati con i conti meno in ordine saranno in grado di fare fronte alle scadenze del loro debito?

SEGRETO n. 5: è indispensabile vincere la scommessa di ridurre il debito pubblico eccessivo. Per fare ripartire l'economia dobbiamo usare tutta la nostra capacità e immaginazione.

Un esame del sistema finanziario è indispensabile per riprendere la marcia della diffusione di un benessere che faccia col tempo scomparire anche la fame dal mondo, ma è più urgente modificare la natura del debito pubblico. Questo bisogna farlo prima che il mondo occidentale si avviti nella spirale di una crisi dalla quale sarà difficile uscire nel breve termine e con le ossa sane.

RIEPILOGO DEL GIORNO 1:

- SEGRETO n. 1: nel passaggio lira/euro la speculazione dei produttori e dei commercianti sui prezzi è stata marginale.
- SEGRETO n. 2: l'aumento del potere d'acquisto della valuta con il cambio da lira a euro ha provocato un effettivo raddoppiamento dei prezzi.
- SEGRETO n. 3: la crisi del mercato ha avuto origine dal fatto che le banche americane hanno concesso mutui che sopravanzavano la loro solidità finanziaria.
- SEGRETO n. 4: la scarsità di mezzi finanziari su scala mondiale ha inaridito anche il piccolo circolo economico italiano.
- SEGRETO n. 5: è indispensabile vincere la scommessa di ridurre il debito pubblico eccessivo. Per fare ripartire l'economia dobbiamo usare tutta la nostra capacità e immaginazione.

GIORNO 2:
Come si evolve il mercato degli immobili

L'analisi dei fenomeni del settore immobiliare potrebbe suggerire, almeno per noi italiani, una valida soluzione alla questione economica, che potrebbe persino essere definitiva, conclusiva. Il quadro generale, come abbiamo sin qui visto, non agevola il mercato degli immobili, sia nuovi che usati, che deve adeguarsi alle nuove risorse finanziarie a disposizione della sua clientela.

Il prezzo degli immobili di nuova costruzione non ha potuto subire i necessari ribassi, se non in misura molto lieve, e questo è uno dei principali motivi per cui ce ne sono ancora molti invenduti. Viceversa la riduzione dei prezzi del mercato dell'usato, più facilmente attuabile, ha reso un po' più dinamico questo settore.

Nel mercato delle nuove costruzioni si è costretti a mantenere i prezzi alti, per compensare l'incidenza degli interessi che gravano sui mutui contratti per avere i mezzi necessari a costruire. Questo gravame fa ovviamente gonfiare i costi.

Nella speranza che la situazione migliori in un tempo ragionevole, i costruttori restano immobili. Per incrementare le vendite, chiudere le iniziative e smettere di subire gli interessi passivi, dovrebbero invece avere il coraggio di rinunciare a buona parte del previsto margine d'impresa, che a volte resta solo sulla carta.

SEGRETO n. 6: la riduzione delle vendite facilita soltanto quei pochi acquirenti che hanno ancora i mezzi per approfittarne e che non vogliono aspettare altri ribassi.

Questo quadro evidenzia la precarietà del sistema di vendita del prodotto immobiliare, troppo esposto alle inevitabili ventate contrarie derivanti da variate condizioni del mercato. La costruzione e la vendita degli immobili sono promosse dalla stessa impresa che ne cura la progettazione, la realizzazione e il collocamento sul mercato, senza che nel processo intervenga un secondo livello autorevole, che faccia da interposizione tra il produttore e l'utilizzatore finale, come avviene per quasi tutti i prodotti industriali.

Il "costruttore", mosso principalmente dal suo legittimo desiderio di fare utili, rinviene sul mercato le capacità di altre imprese specializzate nell'esecuzione di particolari dettagli della costruzione, le cosiddette "cottimiste" o "subappaltanti", alle quali affida l'esecuzione dei lavori.

Non è costretto a mantenere alta la sua reputazione, a differenza delle aziende che hanno una struttura produttiva propria, che sono proprietarie di un marchio da difendere dall'attacco della concorrenza e che possono contare su una fetta di mercato, conquistata con la fatica di anni di lavoro e di idonee strategie commerciali.

Non è un industriale che deve mantenere e proteggere la professionalità delle sue risorse umane, sfugge alla necessità di conservare il loro posto di lavoro e svolge un'attività simile a quella del produttore cinematografico. Il suo lavoro è un episodio che può anche non ripetersi: non è il risultato di una catena di montaggio ripetitiva e può ben essere un "raid" compiuto da operatori estranei al settore.

Si sono, a volte, messe a costruire case società immobiliari costituite da soggetti estranei al tradizionale mondo dell'edilizia: imprenditori provenienti da altri settori, professionisti, agenti immobiliari ecc. Sicuri vincitori di questa partita sono solo i proprietari delle aree edificabili e dei vecchi fabbricati da demolire e ricostruire, il cui valore è aumentato in maniera esponenziale.

SEGRETO n. 7: l'attività edilizia è frammentata in un arcipelago di iniziative, tutte accomunate dallo stesso regime, fatto di margini di guadagno scarsi e un alto costo del denaro.

Il costruttore vende le sue realizzazioni al cliente direttamente, senza cederle a una struttura specializzata che si faccia carico della vendita, sfruttando le proprie competenze e capacità finanziarie, e che tenga presenti le esigenze derivanti dalla particolare congiuntura economica e dal mercato immobiliare.

Questo sistema empirico e autarchico si è dimostrato vincente solo nel secondo dopoguerra, quando, a seguito del fenomeno dell'inurbamento delle popolazioni rurali, gli immobili in costruzione si vendevano già sulla carta e le città avevano più cantieri che case finite. In quel periodo, la fuga di una grossa parte della popolazione dalle campagne verso le città determinò una notevole tensione abitativa.

Erano per lo più persone che, liquidando i loro averi nel luogo d'origine, erano in grado di comprare un alloggio in città, anche perché i prezzi allora erano più normalmente e modestamente fissati e i mutui erano a più lunga scadenza e meno costosi.

Fiorirono in quegli anni le cooperative edilizie costituite tra conoscenti, colleghi d'ufficio o appartenenti alla stessa azienda o ministero, che acquistavano un'area e sceglievano un tecnico che diveniva progettista-direttore dei lavori. Quest'ultimo si occupava di appaltare i lavori, verificarne l'esecuzione ed eseguire i pagamenti con i mezzi forniti dalla banca mutuante, che, in forza di una legge, era costretta a praticare un ridotto tasso di interesse.

L'esposizione del singolo nella cooperativa era modesta e

risultava alla portata di quasi tutto il ceto piccolo borghese. Questo sistema ha così consentito di edificare interi quartieri di Roma: a Monte Mario, alla Balduina, all'Eur, lungo la Cristoforo Colombo e in quasi tutte le zone della città.

Questi immobili ora si distinguono per il loro aspetto spartano ed economico e per la loro progettazione priva di qualsiasi preziosismo architettonico. Queste caratteristiche sono dovute alla rigida e burocratica impostazione della legge, che consentiva sì il finanziamento a tasso agevolato, ma imponeva anche rigidi schemi costruttivi.

Un'altra parte di questa nuova popolazione urbana si adattò a costruire un'abitazione con le proprie mani e con quelle dei familiari, su terreni abusivamente utilizzati a questo scopo, privi di infrastrutture, di acquedotti, di fogne e di strade.
Queste costruzioni "abusive" venivano solo marginalmente contrastate dalle autorità, che erano chiaramente coscienti della dimensione del fenomeno, ma che, prima di intervenire, hanno consentito la formazione di interi quartieri con decine di migliaia di abitanti, alla periferia della città, in zone destinate

all'agricoltura.

In fondo questo è lo stesso metodo con il quale si è costruita l'Italia sino ai primi decenni del secolo scorso e non si può dire che sia venuta proprio male. Anche in questo caso, il danno estetico e panoramico subito dalle città è stato in buona parte sanato con i successivi provvedimenti di recupero dei Comuni. Ora gli abitanti di questi quartieri si ritrovano proprietari di grandi case e possono definirsi benestanti.

Il mercato dell'edilizia non vive più simili situazioni di favore. Adesso le condizioni in cui si muove sono pari a quelle di tutti gli altri settori industriali. Nell'immettere il suo prodotto sul mercato, anche questo settore produttivo deve seguire quindi la stessa procedura logica adottata da tutti gli altri, che risulta, tra l'altro, la più conveniente e remunerativa.
Nelle attuali condizioni, al costruttore non serve a nulla caricare i prezzi dei suoi prodotti con alti margini di impresa, tentando di ricavare utili che spesso restano solo un'ipotesi sulla carta e che per la maggior parte vengono assorbiti dagli interessi passivi applicati dalla banca, divenendo una sorta di lavoratore per conto

di questi veri “registi”.

SEGRETO n. 8: l’edilizia, che non vive più una situazione di favore, deve ora uniformarsi alle leggi di mercato.

Nei progetti di fattibilità si presume che occorrano cinque anni per terminare un cantiere e completare le vendite. L’utile programmato nel frattempo si sarà progressivamente ridotto.

Gli appartamenti invenduti di nuova costruzione sono passati da poco meno di 193 mila nel 1999 al picco di 336 mila nel 2009 (per un valore di 40,5 miliardi) e rappresentano una spada di Damocle per le banche mutuatarie, esposte come sono con crediti che crescono di importo per gli interessi capitalizzati, anno dopo anno.

Sono una fonte quasi certa di future perdite, una mina pronta a esplodere nei bilanci di queste banche, un pericolo che mette in forse il loro stesso credito, che in alcuni casi ha già superato l’attuale valore degli immobili per il quale è stato concesso.

Di conseguenza le banche hanno ancor più stretto i cordoni della borsa e chiedono sempre più garanzie alle imprese di costruzioni, che, di conseguenza, fanno sempre più fatica a ottenere liquidità.

Riuscendo a vendere con difficoltà gli immobili già realizzati, le imprese edili incontrano diversi problemi per portare avanti i lavori nei cantieri già aperti. Talvolta, messe con le spalle al muro, rallentano il lavoro, sperando in tempi migliori. Figurarsi se possono aprire nuovi cantieri.

È sempre più evidente che occorrerebbe affiancare il sistema con una struttura finanziaria intermediaria, di supporto, che abbia un'adeguata capacità finanziaria e sappia assicurare alla produzione del bene immobiliare una maggiore velocità di realizzo, consentendo una sua più sicura continuità di azione. Qualcuno già invoca l'intervento dello Stato, che, a parer suo, con questo salvataggio potrebbe consentire l'altrimenti impossibile perpetrarsi di questo sistema, senza che si sia costretti a ricorrere a innovazioni e cambiamenti che permetterebbero di risolvere la questione.

Come? Avvicinando il prezzo di costo degli immobili al reale potere di acquisto delle persone, commisurato alla giusta parte di prodotto interno lordo che il settore può prelevare senza assorbire quote che dovrebbero essere destinate ad altre necessità.

SEGRETO n. 9: realizzare vendite in quantità e in tempi soddisfacenti è una delle premesse del successo della propria impresa.

Il settore, così come si è originato, è inefficiente, impiega ingenti risorse finanziarie che, per la maggior parte, tornano nelle stesse casse delle banche finanziatrici. La condizione critica in cui oggi si muove genera anche molti contenziosi.

La vendita è lenta e inefficiente e a volte non lascia nei ricavi dell'impresa neppure i margini sufficienti a coprire i costi sostenuti. Lo spreco di risorse è drammatico e il margine industriale che è costretto ad applicare il costruttore è del 400% sui costi diretti di produzione: cemento, calce, mattoni, ferro e tutto quello che è direttamente necessario, oltre alla mano d'opera e gli appalti.

È un margine di produzione esagerato, improponibile e ingiustificato, da parte di un settore in cui non vi è stato nessun nuovo apporto di valore intellettuale, di studi o di innovazioni. Nulla, insomma, è stato fatto, nulla che si sia andato ad aggiungersi a quanto già fatto negli ultimi cento anni, a eccezione di piccole migliorie dovute all'arguzia di alcuni e alle generali norme sulla sicurezza imposte dalle autorità a tutela dei lavoratori, che devono essere applicate da tutti.

Questa evidente difficoltà, che è sofferta più che compresa, ha avuto, per tutta risposta, l'effetto di favorire la costituzione di strutture produttive di dimensioni maggiori, imprese di costruzione alle quali le banche hanno offerto abbondante credito operativo necessario alle loro iniziative di modello super dimensionato.

Non è stato però sinora affrontato il problema alla radice. Le questioni del settore risultano insolubili, lo sono e lo resteranno sino a quando si continuerà a cercare la soluzione sempre nella stessa direzione, e non, come insegna la ricerca scientifica, battendo strade diverse, concettualmente nuove.

Con intelligenza e laicità si deve, innanzitutto, mettere in discussione il diffuso convincimento che gli immobili debbano contemporaneamente soddisfare le due principali e più diffuse opposte necessità: quella di dare un luogo in cui abitare e far crescere i nostri figli, oppure lavorare e svolgere una professione, e, al tempo stesso, quella di assicurare un mezzo sicuro per accantonare il risparmio, porlo al riparo dall'inflazione e trarne un utile.

Il sistema di diffusione del prodotto immobiliare sin qui adottato alimenta i coste e le costruzioni sono libere di far lievitare i loro valori in totale anarchia.
Questo provoca un conflitto tra le varie esigenze dell'utente. Posto di fronte al dilemma di comprare un immobile dal costo compatibile con le sue reali possibilità economiche, ma insufficiente alle sue necessità, oppure comprarne uno al limite delle sue possibilità finanziarie, ma effettivamente utile alla vita sua e della sua famiglia o al comodo svolgimento della sua attività, il cliente del mercato degli immobili, sicuramente,

preferirà quest'ultima scelta.

Si imporrà grandi e prolungati sforzi economici. Sarà da quel momento costretto a dedicare quasi tutte le sue capacità finanziarie al conseguimento di questo obbiettivo e trascurerà altre sue aspirazioni.

Per acquistare un immobile migliore e più adatto alle sue esigenze, dovrà costringere tutti i componenti della famiglia a sacrifici prolungati nel tempo, che renderanno fragile il suo stesso equilibrio finanziario, esponendolo a tutte le ventate del ciclo economico.

Questo "buco nero" inaridisce gli altri settori produttivi, per i quali restano insufficienti risorse a disposizione, a meno che non si voglia istaurare un'economia basata sul credito diffuso, come è avvenuto negli Stati Uniti d'America.

Gli immobili sono costruiti in pietra e sono destinati a durare dei secoli. Questo permette di adottare la divisione tra utilizzo e investimento, due funzioni che si alternano nell'arco della vita di queste costruzioni, con una funzione benefica per la nostra economia.

SEGRETO n. 10: è necessario considerare la proprietà immobiliare in modo differenziato: per usarla o per investire.

All'individuo si deve dare la possibilità di avere un immobile che risponda alle sue reali necessità, senza coinvolgere tutta la sua capacità economica o volontà di risparmio. Ognuno dovrà essere libero di scegliere se e quanto vorrà risparmiare, libero di indirizzare i suoi capitali verso un investimento che ritiene possa essere più remunerativo e più conveniente.
Il singolo potrà liberamente decidere di indirizzare i suoi risparmi anche verso il mercato immobiliare, che è da sempre ritenuto l'investimento più affidabile e che dovrebbe essere in grado di offrirgli il prodotto più remunerativo.

In questo caso lo esaminerà come risparmiatore e non più come utilizzatore, ponendo la sua attenzione esclusivamente sul suo tornaconto economico, libero da altri condizionamenti.

Al contrario, per procurarsi un immobile da usare, dovrà avere la possibilità di risparmiare molto, per poter poi dedicare queste sue ritrovate risorse al soddisfacimento delle esigenze di vita sue, della sua famiglia o della sua azienda, delegando alla sua volontà di investimento il compito di provvedere ad accantonare la maggiore produzione di reddito, che vorrà essere libero di collocare in modo sicuro e con il massimo vantaggio.

La sua azione potrebbe far ridurre al costruttore la durata della sua iniziativa, favorendone la conclusione anticipata, consentendogli così di depurare dai suoi costi buona parte degli oneri finanziari e di ridurre i suoi margini industriali a una misura più fisiologica. La lubrificazione del settore avrebbe, di conseguenza, un effetto di calmiere su tutti i suoi componenti.

Oggi il costruttore applica margini lordi di ricarico eccessivi, cosa che risulta deleteria anche per il mercato delle locazioni, perché costringe il locatario ad assicurare al proprietario almeno un rendimento lordo dal 4 al 6%.

Questo rendimento è calcolato su un costo di acquisto eccessivamente alto, dovuto alla montagna di interessi che il settore paga alle banche. In pratica per sempre sarà costretto a produrre questa rendita sulla montagna di interessi pagati dal costruttore!

Si tratta di un costo irreale! Si perpetua inoltre nel tempo, si aggiorna con rivalutazioni successive e produce un danno perenne! In questo modo si assorbe una parte troppo importante di reddito degli utenti attuali e di tutti quelli che in futuro occuperanno l'immobile.

La remunerazione percentuale indebita, pretesa dal costruttore, è dannosa per l'economia del singolo nucleo professionale, imprenditoriale o familiare acquirente o utilizzatore e, di conseguenza, danneggia tutta l'economia.

Questo troppo gravoso onere inflitto agli utilizzatori non produce nemmeno particolare beneficio ai proprietari. Con i fitti incassati, quasi sempre, non riescono a coprire le spese che fanno capo a loro.

Se invece si lasciasse all'impresa lo stesso margine percentuale d'utile, se non addirittura aumentato, riducendo l'importo dei costi sostenuti, si permetterebbe al costruttore di abbassare i prezzi di vendita. La stessa percentuale di reddito da assicurare ai proprietari verrebbe calcolata su minori prezzi di acquisto.

La rendita che andrebbe a gravare sui futuri utilizzatori sarebbe parecchio ridotta. La liquidità così lasciata nelle mani degli inquilini produrrebbe sicuramente una loro maggiore capacità di spesa, a tutto vantaggio del loro tenore di vita e dell'economia in generale.
La difficoltà del mercato degli affitti è evidente ovunque. In Francia, in questo momento, sono in scadenza un milione e ottocentomila contratti di locazione. Il Governo di quel paese continua a prorogarne la durata, rimandando al tempo che verrà una sin qui introvabile soluzione.

In un mercato corretto e più virtuoso, anche le quotazioni delle aree fabbricabili sarebbero costrette, di conseguenza, ad allinearsi ai margini che il sistema sarebbe in grado di produrre.

Il sistema bancario, che a prima vista potrebbe sembrare penalizzato da un mercato finanziario più ordinato, ne sarebbe invece sicuramente favorito. Anche il settore azionario e obbligazionario se ne gioverebbero.

L'offerta di vendita degli immobili ora si rivolge a un mercato quasi saturo. Circa l'80% degli italiani è già proprietario di un immobile e, a causa della contrazione generale delle economie occidentali, i redditi non sono più sufficienti a realizzare quell'accantonamento di risparmio che permette di accedere alla proprietà immobiliare a chi ne è ancora escluso.
I prezzi delle case divenuti troppo alti e la crisi dei mutui tendono a espellere dalle città i loro nuovi abitanti, che si dirigono verso i Comuni del circondario, disposti a sobbarcarsi i disagi tipici dei pendolari pur di avere un immobile adatto alle loro necessità e possibilità economiche.

RIEPILOGO DEL GIORNO 2:

- SEGRETO n. 6: la riduzione delle vendite facilita soltanto quei pochi acquirenti che hanno ancora i mezzi per approfittarne e che non vogliono aspettare altri ribassi.
- SEGRETO n. 7: l'attività edilizia è frammentata in un arcipelago di iniziative, tutte accomunate dallo stesso regime, fatto di margini di guadagno scarsi e un alto costo del denaro.
- SEGRETO n. 8: l'edilizia, che non vive più una situazione di favore, deve ora uniformarsi alle leggi di mercato.
- SEGRETO n. 9: realizzare vendite in quantità e in tempi soddisfacenti è una delle premesse del successo della propria impresa.
- SEGRETO n. 10: è necessario considerare la proprietà immobiliare in modo differenziato: per usarla o per investire.

GIORNO 3:
Come e dove si dirige questo mercato

Dopo le guerre o a seguito di grandi rivoluzioni sociali, nei periodi di crisi come nei periodi d'economia forzata, si affermano più facilmente le idee e le tecnologie nuove, fanno la loro comparsa invenzioni destinate a segnare un'epoca e si propongono prodotti che creano nuovi spazi produttivi e di mercato. Come qualcuno ha recentemente ricordato, nell'ultimo conflitto mondiale siamo entrati con i cavalli e siamo usciti con i missili.

Questo è il momento per mostrare il coraggio di fare una critica ampia e completa del sistema in cui si colloca il mercato degli immobili. Lasciamo da parte i preconcetti e i falsi obbiettivi, predisponendoci a mettere in discussione buona parte delle verità che credevamo sinora inoppugnabili, quasi divine.

Partiamo col dire che la costruzione di immobili ha molte ricadute su tutta l'economia, per la quale può fare da traino e da volano. È la sola attività in grado di rimetterla in moto subito dopo una fase di arresto e ha sempre una grande influenza sul suo andamento.

Prendiamo consapevolezza delle forme più convenienti che può avere la proprietà degli immobili. In base alle leggi che ci siamo dati, la proprietà può essere considerata come una mela, che si può tagliare in due pezzi: l'uno da dare a chi, in pochi morsi, vuole consumarlo e l'altro da dare a chi ne fa una marmellata da conservare.

Dei due pezzi di proprietà dell'immobile realizzati con questo taglio, il primo sarà dato a chi vuole consumarlo subito. A questo individuo dovrebbe essere concesso il diritto di abitare o usare l'immobile, per tutto il periodo da lui desiderato.

Senza dover ricorrere al farraginoso contratto di locazione ora vigente, foriero di cause, ma adottando uno degli altri strumenti previsti dalle leggi, che sappia instaurare un rapporto chiaro e conclusivo tra le parti e non le costringa a rivedere continuamente la pattuizione iniziale. Questa cessione in uso deve essere conclusa a un prezzo compatibile con la media dei redditi percepiti dalla popolazione.

Il secondo pezzo di immobile sarà riservato a chi, compatibilmente con la sua propensione al risparmio, vuole porre i propri capitali al riparo dall'inflazione e da rischi.

A lui il mattone offre un sicuro riparo per il suo accantonamento finanziario, un gruzzolo che ha potuto costituire con una sua libera decisione, autonoma e svincolata dalla necessità di utilizzo dell'immobile. Questo tipo di investimento è in grado di assicurargli una rendita certa e immancabile, sulla quale non sarà applicato nessun prelievo fiscale.

Questo rifugio deve essere al di fuori della portata degli speculatori, che sono in grado, con la loro immensa forza, di falsare il mercato azionario e il valore degli altri beni, secondo le loro convenienze.

SEGRETO n. 11: la divisione della "proprietà" è una necessità naturale che deve essere assolutamente soddisfatta.

Il nostro codice civile regola la divisione temporanea della *piena proprietà* in diritto di *usufrutto* e diritto di *nuda proprietà.*

Nel capitolo relativo all'usufrutto, ossia al diritto di usare, occupare, abitare e avere rendimento da un immobile, limita e denuda il diritto di piena proprietà, perché non gli consente di utilizzare l'immobile o di beneficiarne dal punto di vista del reddito o di altra utilità. Questi ultimi diritti sono infatti riservati esclusivamente all'usufruttuario.

Quel che nel frattempo resta del diritto di piena proprietà è il diritto di nuda proprietà. Questo diritto di usufrutto, se è concesso o trattenuto da una persona fisica, resta vigente sino al cessare della sua vita e non ha limiti di durata, salvo il caso di diverso possesso del diritto di usufrutto previsto dal codice civile nell'ultimo comma dell'articolo n. 979.

Nel suddetto articolo si dispone la durata dell'*usufrutto a scadenza fissa* e si precisa che, qualora questo diritto sia concesso a una persona giuridica (società), non è condizionato dalla permanenza in vita dell'usufruttuario, ma non può eccedere la durata di trenta anni.

Questo significa che il diritto di proprietà esclusiva contiene due diritti reali nei quali si può temporaneamente dividere, fissandone a priori, già nell'atto notarile, la durata e stabilendo la data della fine della divisione in due parti, che tornerà poi a essere una piena proprietà, con tutti i diritti di cui godeva prima.

Con il patto di *durata determinata*, prefissata, i diversi valori economici dei singoli diritti, in cui è stata divisa la piena proprietà, dipenderanno dalla durata concessa all'usufrutto e dalla percentuale di valore di tutto il bene che rappresenta, nonché dal tempo di attesa che dovrà trascorrere prima che torni a essere una piena proprietà.

SEGRETO n. 12: solo l'usufrutto a tempo determinato può produrre rilevanti effetti economici.

Per dare a questo diritto di usufrutto a tempo determinato un valore certo, che assicuri un uso svincolato dalla sua permanenza in vita, l'acquirente persona fisica dovrà farlo acquistare da una persona giuridica di cui ha la proprietà come socio anche unico

(Srl, Spa, Sas, Snc).

Poniamo il caso che il diritto di usufrutto sia venduto a tempo determinato, ciò preveda una scadenza fissa già nell'atto notarile, per la durata di diciotto anni e che, in accordo con la norma fiscale, valga il 45% del valore totale dell'immobile. Il *nudo proprietario*, per riavere la piena proprietà dell'immobile, dovrà attendere diciotto anni.

In questo caso si potrà facilmente calcolare la convenienza di questo investitore, che ha acquistata la sola nuda proprietà dell'immobile, investendo il 55% del suo valore commerciale.

Per ottenere il 100% del valore dell'immobile egli dovrà attendere diciotto anni, quando al suo 55% di immobile acquistato con il suo capitale si sarà gradatamente aggiunto il residuo 45% pagato dallo usufruttuario, aggiunta che rappresenta i quattro quinti del capitale da lui impiegato, pari a 81,82% di questo capitale.

Alla fine del periodo di validità dell'usufrutto, quando sarà terminato il graduale travaso del suo valore e avverrà questa fusione dei due diritti, la porzione dell'immobile pagata dall'usufruttuario si sarà rivalutata, per effetto dell'inflazione, almeno del 2,5% l'anno, per una somma pari al 53,76% del suo originario valore, e sarà così divenuta almeno il 125,80% del capitale investito dal nudo proprietario.

Anche la parte dell'immobile, pagata dal nudo proprietario con il suo capitale iniziale, si sarà rivalutata per gli stessi motivi del 53,76%. Sul capitale investito, il nudo proprietario avrà maturato, in diciotto anni, un arricchimento netto minimo del 179,57%, pari al 9,98% fisso l'anno.

Per ottenere questo risultato eccezionale non serve nessuna particolare competenza, se non l'applicazione di un poco di accortezza nella scelta dell'immobile di cui acquistare solo la nuda proprietà a tempo determinato.
Questo è il modo più conveniente per acquistare il diritto di nuda proprietà, perché si potrà calcolare con estrema esattezza il tempo, e quindi il costo, della scadenza dell'usufrutto.

Cosa consigliare di più vantaggioso a una persona che non abbia nessuna inclinazione per il rischio, che voglia percepire un reddito sicuro e che non voglia fare la stessa fine ingloriosa dei risparmiatori che hanno investito in Borsa, molti dei quali hanno perduto quasi interamente il proprio patrimonio?

A nulla vale l'obiezione che oggi anche gli immobili hanno perduto molto del loro precedente valore. Prima di tutto ne hanno perduto molto meno della Borsa. Inoltre, a ben vedere, hanno perduto solo una parte di quella sopravvalutazione che è stata alimentata dalla ultima bolla speculativa, dovuta anche all'introduzione dell'euro.

L'incremento di valore evidenziato nel calcolo della redditività del capitale investito in nuda proprietà a tempo determinato, da considerarsi fisiologico, è quello minimo del 2,5%-2,8% l'anno. Tutti noi abbiamo notato che gli immobili, non molto tempo fa, a causa della eccessiva speculazione, hanno aumentato il proprio valore anche del 10% l'anno.

Questi aumenti di valori sono eccezionali, si verificano in presenza di prolungati periodi di inflazione, prima di una crisi, e possono anche arretrare in parte, ma non mettono mai in forse il maturare degli aumenti di valore minimi da noi indicati, sicuramente realizzabili.

SEGRETO n. 13: gli immobili recuperano totalmente l'inflazione e vengono acquistati principalmente per questa loro particolare caratteristica.

Facciamo una verifica: un appartamento di 50 mq a Roma, in zona Cassia, nel 1994 si vendeva intorno a 200 milioni di lire. Ora, nonostante la crisi, si vende a 280.000 euro, pari a 542 milioni di lire.

In quindici anni il fortunato investitore avrebbe guadagnato 342 milioni di lire, con un incremento annuo dell'11,4%. Se dello stesso appartamento avesse acquistato solo la nuda proprietà a tempo determinato, che gli sarebbe costata solo 120 milioni di lire, il suo guadagno sarebbe stato di 422 milioni di lire, pari a una rendita del 23,44% l'anno.

Non c'è da meravigliarsi. Nelle analisi noi consideriamo

l'aumento fisiologico dei valori immobiliari, che ci consente di calcolare il rendimento attendibile, sicuramente realizzabile.

Sappiamo che sino a ora il valore degli immobili, come se galleggiasse sull'onda del mare, alterna i momenti in cui cresce sino alla cresta a momenti in cui si ritira nel cavo dell'onda, quando si ferma in attesa di riprendere un'altra onda. Questo ciclo da noi si è ripetuto negli ultimi 60 anni, con una cadenza di 12/15 anni.

Un investimento a lungo termine incrocia sicuramente l'onda di rialzo dei valori immobiliari, dovuto al riscaldarsi dell'economia, che si potrà sommare ai rialzi minimi del 2,5% dovuti all'inflazione tecnica, che siamo convinti si verificherà sempre. In futuro, l'euro non permetterà le grandi escursioni di valore che ha consentito la lira in passato.
Ti sarà sicuramente più noto il caso della persona anziana che vende la nuda proprietà del suo immobile o la dona a un parente, trattenendo per sé il diritto di usufrutto, che resta valido e vigente sin quando lei permane in vita.

Il diritto di usufrutto, in questo caso, cessa di esistere insieme con il suo proprietario. Il diritto di nuda proprietà acquistato in questo modo, con questo patto di durata dipendente dalla permanenza in vita dell'usufruttuario, non permette quindi di prevedere quando cesserà e quando la nuda proprietà tornerà a essere piena proprietà.

Per stabilire il valore dei due diritti reali, l'autorità fiscale, nel redigere le sue tabelle di valori a fini impositivi, ha tenuto conto del possibile tempo medio di durata in vita dell'usufruttuario, usando lo stesso tipo di calcolo adottato dalle assicurazioni sulla vita.

Questo calcolo, per la media dei casi, presi nell'insieme dei grandi numeri, indubbiamente si avvicina alla realtà e può andare bene. Tuttavia, per il singolo investitore, vale l'osservazione di Trilussa, che sosteneva che, per la statistica, se tu mangi un pollo e io nessuno, è come se ne avessimo mangiato metà per uno.

L'investitore più fortunato sarà premiato da una solerte premorienza dell'usufruttuario, invece l'altro, meno fortunato, potrebbe addirittura premorire lui nell'inutile attesa che cessi l'imprevista lunghissima vita dell'usufruttuario. In questo secondo caso, a nulla saranno valsi i calcoli statistici basati sulla media dei casi.

Fatto così, l'investimento somiglia più un biglietto della lotteria, che a un serio affare finanziario, rispettoso di precisi calcoli, che assicuri di poter realizzare la voluta convenienza a ognuna delle parti, con matematica certezza, senza nessuna alea. Questo tipo di casi non ci riguardano.

SEGRETO n. 14: è importante determinare con esattezza la convenienza di acquistare i diritti reali di una proprietà immobiliare.

Le norme giuridiche ci forniscono la possibilità di impiegare i diritti reali di proprietà a tempo determinato, che mettiamo alla base del nostro progetto e che ci consentono numerosi possibili impieghi.

Se sei un utilizzatore che intende assicurare a se stesso e alla propria famiglia o alla propria impresa la disponibilità di un immobile, sceglierai di acquistare l'usufrutto a tempo determinato. Dal momento che il diritto di usufrutto di un immobile per 10 o 20 anni, acquistato a favore di una persona fisica, sussiste solo se permane in vita il beneficiario, dovrai estendere questo diritto anche ad altri componenti della tua famiglia o impresa.

Nell'atto notarile potrebbero essere nominati comproprietari con pari diritti tuo padre, tua madre, tua moglie, i tuoi figli e altre persone ancora che potrebbero godere dell'usufrutto anche in tua assenza, confinando il rischio di anticipata decadenza del diritto acquistato per immatura premorienza di tutti i beneficiari a una possibilità percentualmente trascurabile.

Questo rischio della durata del diritto di usufrutto legato alla permanenza in vita degli usufruttuari è eliminato completamente se l'usufrutto è acquistato, o comunque posseduto, da una persona giuridica: una società di capitali, anche a responsabilità limitata con un solo socio unico, o una società di persone.

In questo caso l'usufrutto potrà durare sino a trenta anni e la permanenza in vita dei soci proprietari non influirà sulla durata del diritto posseduto dalla società. Anzi, questo diritto, per il periodo di restante validità, farà parte dell'asse ereditario del socio prematuramente venuto a mancare, i cui beni, comprese queste sue quote o azioni, andranno in eredità a chi ne avrà diritto.

Questa è anche l'unica formula in grado di generare l'interessante prodotto finanziario della nuda proprietà a tempo determinato, sulla quale concentreremo la nostra analisi.

Se il diritto di usufrutto è acquistato tramite l'intervento di una società di leasing, che a sua volta lo acquista dal proprietario per cederlo in locazione finanziaria al suo cliente, si elimina ogni rischio di anticipata decadenza del diritto.

In questo caso, il canone di fitto tradizionale, che avrebbe dovuto pagare l'inquilino, è sostituito dalle rate di leasing finanziario immobiliare, pagate dal promissorio usufruttuario (il diritto gli sarà consegnato quando avrà pagato tutte le rate pattuite, come avviene con il leasing di usufrutto automobilistico, nel caso dell'acquisto di una vettura), che sono fisse e invariabili per tutto il periodo.

Le rate di leasing immobiliare, nel caso di acquisto del diritto di usufrutto, rappresentano circa un terzo dell'importo dell'affitto che deve pagare l'inquilino, se conclude un contratto di affitto tradizionale per lo stesso immobile.

La dimensione della possibile platea di acquirenti che potrebbero essere interessati alla vendita dell'usufrutto a tempo determinato è immensa ed è rappresentata dall'attuale mercato delle locazioni. L'acquisto di questo diritto può rappresentare una più conveniente alternativa, che costa di meno ed è quindi più coerente con le aspirazioni dell'acquirente ad altri consumi, ai quali vuole destinare le sue ridotte capacità economiche, limitate dall'attuale crisi.

Sono fortemente interessati anche tutti i proprietari che intendono convertire i contratti di locazione commerciali o di uffici attualmente vigenti nella vendita del diritto di usufrutto a tempo determinato, recuperando così una importante liquidità, da destinare ad altri investimenti.

Questa proposta è sicuramente gradita anche agli inquilini, perché la loro permanenza nell'immobile è più garantita dal nuovo rapporto, che diviene un diritto più sicuro e duraturo e comporta una sostanziale riduzione dell'importo pagato mensilmente per la locazione.

I risparmiatori alla ricerca di un investimento senza rischi sono attirati dalla convenienza di investimento in nuda proprietà immobiliare a tempo determinato, con contestuale offerta al mercato delle affittanze del residuo diritto di usufrutto a scadenza fissa.

Il costruttore che, vista la permanente crisi delle vendite, desideri liberarsi del mutuo a costruire che ora grava su di lui, può procedere alla vendita del diritto di usufrutto a tempo determinato per trattenersi la nuda proprietà, salvo con più calma vendere anche quella, offrendola sul mercato degli investimenti.

Anche gli enti pubblici e privati possono abbattere i costi di gestione dei loro patrimoni immobiliari e sottrarsi alla litigiosità del rapporto locatizio, trasformando l'affitto in vendita del diritto di usufrutto a tempo determinato. L'ente finanziario che s'inserisce in questo mercato riscontrerà la sua grande importanza.

SEGRETO n. 15: la trasformazione di contratti commerciali di locazione e la vendita del diritto d'usufrutto degli immobili nuovi, ancora invenduti, sono i settori che permettono un più facile successo.

Per intervenire nelle vendite del diritto di usufrutto, si può utilizzare un contratto di leasing destinato alle imprese e ai privati simile a quello per l'acquisto di un posto barca. Il leasing finanziario del posto barca è assimilabile a un leasing finanziario immobiliare.

Se, nella stesura del contratto di leasing per l'usufrutto a tempo determinato di un immobile, l'ente finanziario ricorrerà ad alcune cautele e garanzie accessorie, renderà il contratto privo anche dei rischi tipici di queste transazioni, che sono comunque già considerati minimi.

È importante rilevare che il leasing interviene solo per il 40/50% del valore dell'immobile, lasciando pertanto grande margine di garanzia e di capacità di recupero del credito.

Si può inoltre intervenire sulla durata del contratto di leasing per il diritto di usufrutto, che può essere di 30 mesi superiore al periodo previsto per il pagamento dei canoni. Ciò per consentire, durante il periodo di godimento "franco" terminale, l'espletamento dell'eventuale azione giudiziaria nei confronti dell'utilizzatore divenuto inadempiente, per la risoluzione contrattuale e per il recupero dei crediti vantati dal concedente.
Oltre ad azionare le garanzie ottenute, l'ente finanziario che ha acquistato il diritto può ricorrere anche a società specializzate nell'intermediazione immobiliare che, con specifici accordi, possono gestire questa fase del contratto. Queste ultime certamente non troverebbero difficoltà a collocare un immobile in leasing di usufrutto, il cui godimento costa meno della metà del suo corrente valore locativo.

RIEPILOGO DEL GIORNO 3:

- SEGRETO n. 11: la divisione della "proprietà" è una necessità naturale che deve essere assolutamente soddisfatta.
- SEGRETO n. 12: solo l'usufrutto a tempo determinato può produrre rilevanti effetti economici.
- SEGRETO n. 13: gli immobili recuperano totalmente l'inflazione e vengono acquistati principalmente per questa loro particolare caratteristica.
- SEGRETO n. 14: è importante determinare con esattezza la convenienza di acquistare i diritti reali di una proprietà immobiliare.
- SEGRETO n. 15: la trasformazione di contratti commerciali di locazione e la vendita del diritto d'usufrutto degli immobili nuovi, ancora invenduti, sono i settori che permettono un più facile successo.

GIORNO 4:
Come usare i diritti reali di proprietà

Ci si potrebbe chiedere: perché si deve preferire l'acquisto dell'usufrutto a tempo determinato, alla stipula di un normale contatto d'affitto? Qual è la convenienza dell'acquisto della nuda proprietà a tempo determinato rispetto al tradizionale acquisto dell'immobile da occupare o da affittare? E ancora, che vantaggio ha il proprietario di un immobile nel venderne l'usufrutto anziché cederlo in locazione?

Non sappiamo chi e che cosa abbia generato il danno, ma è certo che siamo stati inconsapevolmente indotti a credere che l'acquisto di un immobile in piena proprietà sia il primo obbiettivo da raggiungere nella vita.

Un obiettivo da perseguire a qualsiasi prezzo, che sia per ottenere la disponibilità di un immobile dove abitare con tutta la famiglia o svolgere una professione, oppure per accantonare il nostro risparmio al riparo della svalutazione e conservalo a disposizione di future necessità.

A causa di questa ingannevole verità, permeata nel nostro più intimo convincimento, ci siamo fatti razziare i nostri redditi, a vantaggio soprattutto di intermediari finanziari, che hanno abilmente avvalorata questa credenza. Per ottenere il privilegio di farci spennare come polli, siamo costretti a fornire tutte le garanzie possibili e immaginabili e ci impegniamo a dedicare il nostro reddito quasi esclusivamente a pagare il carissimo mutuo.

Questa scelta, fatta solo per avere la disponibilità di un immobile per lavorare o vivere, è inutilmente dispendiosa, comporta un onere economico di sproporzionata gravosità ed è addirittura un'ingiusta, insopportabile torchiatura, che preleva per lunghi periodi della vita una parte importante delle risorse finanziarie, fino a oltre la metà delle nostre entrate.

Tutto questo senza che, come contropartita, ci siano date una maggiore sicurezza e una migliore condizione di vita, più serena e piacevole di quella che avremmo potuto ottenere altrimenti.

SEGRETO n. 16: l'acquisto di un immobile in piena proprietà può infliggere alla vita propria e delle altre persone coinvolte un improduttivo regime di sacrifici e ristrettezze, che costringono a deprimere gli altri possibili consumi.

Per essere più chiari, faremo degli esempi e analizzeremo le conseguenze patrimoniali delle scelte che si possono compiere per ottenere la disponibilità di un immobile o mettere al riparo i propri risparmi. Prenderemo in considerazione situazioni rese simili e comparabili per valore, verificando, dopo diciotto anni dalla scelta fatta, quale risultato economico si sarà realizzato.

Supponiamo che tu abbia la necessità di procurarti un immobile dove poter fissare la sede della tua attività commerciale, industriale o professionale, oppure che sia alla ricerca di un'abitazione dove poter svolgere comodamente la vita tua e della tua famiglia. Ovviamente non vuoi sprecare risorse economiche, che, se possibile, preferisci utilizzare per altri scopi. Analizza allora tutte le varie soluzioni praticabili, per poter scegliere la più conveniente e adatta al tuo scopo.

SEGRETO n. 17: fra le diverse ipotesi bisogna scegliere quella più adatta alla propria situazione e verificarne la convenienza economica.

Potrai scegliere un immobile, per il quale dovrai concludere un contratto d'affitto regolato dalla legge n. 392 del 1978 e successive modifiche e integrazioni. Si tratta del solito contratto di locazione, in base al quale dovrai assicurare al proprietario un reddito annuale di circa il 5/6% del valore dell'immobile.

In alternativa, potrai acquistare il diritto di usufrutto a tempo determinato di un immobile, magari ancora più comodo e adatto alle tue esigenze, stipulando un atto notarile che assicuri al proprietario soltanto una rendita annuale del 2,5%.

Poniamo il caso che tu disponga di un capitale che potresti impiegare per soddisfare questa tua necessità. Ti domanderai se sia più conveniente acquistare la proprietà di un immobile (per abitarci o da affittare) oppure se, tra le tante possibilità offerte ai risparmiatori per investire i propri capitali, sia meglio acquistarne solo la nuda proprietà a tempo determinato, per esempio a 10, 15 o 20 anni.

Per avere la risposta, non ci resta che simulare dei casi pratici, mettendo a confronto le varie scelte che si possono fare. Avrai così una chiara visione dei risultati e ti apparirà evidente la maggior convenienza economica di acquistare i diritti reali di proprietà per l'utilizzo di un immobile o per capitalizzare i tuoi risparmi, piuttosto che comprare la sua piena proprietà.

Per rendere omogeneo questo campione, supponiamo per tutti i casi che l'immobile scelto valga 500.000 euro e fissiamo in 18 anni il tempo oltre il quale verificare l'utilità e il guadagno di ciascuna scelta.

La scelta di questo limite temporale non è casuale: 18 anni è infatti la durata minima concessa dalla normativa fiscale per la conclusione dei contratti di leasing immobiliare, contratti che, nelle ipotesi più avanti formulate, adopereremo per acquistare il diritto di usufrutto a tempo determinato.

Sempre per lo stesso motivo, prenderemo in esame una svalutazione della moneta pari al 2,5% l'anno. Questa percentuale è considerata la svalutazione minima e fisiologica del sistema, che il mercato immobiliare rileva automaticamente e immediatamente applica ai suoi prezzi, comportandosi come la cartina di tornasole dell'economia e del valore della moneta.

Nella nostra analisi preciseremo il rendimento prodotto da ogni scelta e il costo delle varie ipotesi, in modo da darti la possibilità di confrontare l'esito ottenibile da:

- l'acquisto di un immobile a scopo di investimento;
- l'acquisto di un immobile sia per usarlo sia per fare un investimento;
- l'acquisto per investimento della nuda proprietà a tempo determinato di un immobile;
- l'acquisto dell'usufrutto di un immobile, investendo parallelamente la restante parte del proprio capitale in modo più redditizio;
- l'acquisto dell'usufrutto di un immobile, anche senza disporre di un capitale da investire.

Sono certo che ti starai chiedendo quale convenienza abbia il proprietario a vendere il diritto reale di proprietà se, come sembra, l'acquirente ne trae molti vantaggi. Perché sarebbe più vantaggioso anche per lui vendere l'usufrutto a tempo determinato del suo immobile, anziché stipulare con il suo inquilino il solito contratto d'affitto?

Perché sarebbe conveniente tramutare i contratti di locazione già in essere nella vendita del diritto di usufrutto a tempo determinato? E perché fare questa scelta converrebbe anche agli enti pubblici con finalità immobiliare e alla gestione dei grandi patrimoni? Cercherò di soddisfare la tua legittima curiosità con l'analisi dei singoli casi e delle possibili situazioni.

Acquisto per investimento di un immobile da affittare

Esaminiamo per primo il vantaggio economico che riscontriamo nella scelta più classica, che appare a prima vista la più percorribile: comprare un immobile per accantonare il capitale posseduto e metterlo al riparo dalla svalutazione. Dopo averlo comperato, l'immobile viene ceduto in affitto per avere un'entrata, con cui fare fronte alle varie spese che questa scelta vecchio tipo comporta.

Dopo 18 anni sicuramente vedremo che il capitale impiegato si sarà rivalutato e avrà almeno recuperato la svalutazione minima del 2,5% l'anno, che, in questo arco di tempo, arriverebbe al 53,76% del capitale investito. Nel caso dell'immobile acquistato per 500.000 euro, l'incremento di valore dovuto all'inflazione sarà di 268.800 euro.

Il valore locativo di questo immobile sarà al massimo del 5% l'anno del suo valore e, nei 18 anni considerati, ti avrà permesso di incassare: 450.000 euro per affitti più 135.000 euro per le rivalutazioni annuali Istat, pari all'1,5% l'anno, che, sempre nei 18 anni presi in esame, ammonterebbero al 30% dell'importo delle locazioni.

Sarebbero dunque stati incassati 585.000 euro di rendimento totale lordo per locazioni, che si devono ridurre per l'attualizzazione di queste somme al 3% delle somme incassate mensilmente in 18 anni. Vanno poi considerate le spese sostenute per la manutenzione, per il pagamento delle imposte sul reddito e sull'immobile e per l'alea di inevitabili periodi di mancata locazione, che, globalmente, incidono per almeno il 50% della resa lorda.

La redditività netta di questo investimento in 18 anni si sarà dunque ridotta a 214.000 euro per la locazione, pari a una media netta del 2,38% l'anno.

Come proprietario dovrai comunque ringraziare la tua buona stella, perché a molti altri proprietari resta solo la voglia di percepire un qualsiasi rendimento che possa, alla resa dei conti, permettergli di non registrare una perdita secca.

La maggioranza dei proprietari degli immobili è già felice di avere conservato almeno il capitale e si ritiene soddisfatto se gli è stato possibile recuperare la svalutazione della moneta, per mantenere inalterato il suo investimento.

Nel caso fortunato che abbiamo visto, il capitale investito (500.000 euro) è aumentato di 214.000 euro per l'utile netto della locazione e di 268.800 euro per la rivalutazione.

Complessivamente, il capitale iniziale di 500.000 euro in diciotto anni sarà arrivato a 973.800 euro.

La differenza di **473.800 euro** è pari al 94,76% del capitale iniziale, pari al **5,26% l'anno**. Questo risultato però è del tutto teorico, perché difficilmente nei 18 anni presi in considerazione non si verificheranno sospensioni di reddito per cessata locazione, per controversie, insolvenze o per altri motivi.

Acquisto per investimento di un immobile da occupare direttamente

Se ti sei deciso a impiegare il tuo capitale di euro 500.000 per l'acquisto di un immobile da utilizzare direttamente per svolgervi una professione o semplicemente per abitarvi insieme alla tua famiglia, nei 18 anni successivi all'acquisto, il capitale investito nella semplice proprietà dell'immobile si sarà rivalutato almeno di 268.800 euro.

Si dovrà anche tenere conto del risparmio di 225.000 euro derivante dall'avere utilizzato direttamente l'immobile. Questo risparmio è pari al costo dell'acquisto dell'usufrutto a 18 anni dello stesso immobile, che è pari al 45% del valore.

Il capitale di 500.000 euro si sarà accresciuto di 268.000 euro per la rivalutazione subita e avrà consentito di avere minori uscite per complessivi 225.000 euro, pari al 2,5% l'anno, per l'utilizzo diretto.

Da questi importi vanno sottratte le spese di condominio e manutenzione, le imposte varie e quelle sull'immobile, che equivalgono a circa il 10% della rendita e riducono il beneficio lordo ottenuto a **445.500 euro**, il **4,95%** l'anno.

Investire 500.000 euro in nuda proprietà a tempo

Supponiamo che, tra le varie possibilità che offre il mercato azionario e obbligazionario, dei depositi bancari vincolati, delle commodities e altro, tu abbia preferito restare nel rassicurante recinto degli investimenti immobiliari e impiegare il capitale a disposizione per acquistare la proprietà di un immobile.

Supponiamo che, allo scopo di investire i soliti 500.000 euro posseduti, invece di comprare l'immobile del primo caso, tu ti sia deciso ad acquistare solo la nuda proprietà con scadenza fissa a 18 anni di un altro immobile, che commercialmente vale 910.000 euro. Dovrai dunque pagare solo il 55% del suo prezzo, pari appunto a 500.000 euro.

In base allo stesso calcolo già fatto, il capitale così investito avrà reso dopo 18 anni 268.800 euro, per la rivalutazione del capitale impiegato, e 410.000 euro per la parte dell'immobile pagata dal usufruttuario, che si sarà rivalutata di almeno 219.200 euro, arrivando a 639.200 euro.

Questi soldi si andranno a sommare al tuo capitale investito, quando, dopo al diciottesimo anno, cesserà l'usufrutto e la nuda proprietà si trasformerà automaticamente nella piena proprietà di tutto l'immobile.

Il rendimento globale di questo investimento sarà stato di **898.000 euro**, pari al 179,6% del capitale investito, il **9,97%** l'anno. Alla fine del periodo di tempo considerato, il capitale di 500.000 euro sarà diventato di **1.400.000 euro**, senza che questo arricchimento abbia rilevanza ai fini fiscali. In pratica, si sarà ottenuto un guadagno di circa **900.000 euro**, pari al **180%** del capitale iniziale, il **10%** l'anno.

Come il calcolo ha dimostrato, il capitale così impiegato ha fatto ottenere un rendimento di base del 10% circa l'anno, senza che sia stato necessario occuparsi di amministrazione, di gestione della locazione, di accrediti puntuali degli affitti, di riunioni di condominio.

Non c'è stato nemmeno bisogno di sostenere nessun adempimento fiscale o amministrativo. Questo risultato è infatti esente da imposte e, se l'immobile è la sola attività posseduta da una società, questa sarà dispensata anche dalla presentazione dei bilanci annuali.

In poche parole, questa scelta ci ha fatto ottenere automaticamente un rendimento doppio rispetto a quello che, nella migliore delle ipotesi, ci avrebbe procurato l'acquisto della piena proprietà con l'ipotetica e improbabile rendita mensile della locazione, senza peraltro doverci occupare, in alcun modo, della gestione dell'immobile.

Per questo motivo e a ragione, la nuda proprietà immobiliare a tempo determinato può essere considerata un **prodotto finanziario estremamente sicuro**, di alto rendimento, di facile e buona liquidità, che per di più non è soggetto ad alcun prelievo fiscale.

SEGRETO n. 18: considera la nuda proprietà immobiliare come un prodotto finanziario. È una possibilità di investimento e accantonamento di risparmio di eccezionale sicurezza e redditività.

Se il proprietario si troverà nella condizione di dover ottenere liquidità dal suo investimento, potrà usare questa sua proprietà come garanzia per l'ottenimento di un finanziamento o potrà, in alternativa, rivolgersi al mercato immobiliare per rivenderla.

In questo secondo caso, ovviamente, la proprietà sarà venduta al suo nuovo valore del momento, quello che risulterà dall'automatico recupero dell'inflazione tecnica e dall'approssimarsi della fusione con l'usufrutto.

Se si esamina l'incremento dei valori degli immobili negli ultimi 18 anni, ci si rende conto che quell'immancabile incremento di valore del 2,5% l'anno, considerato fisiologico, può arrivare anche al 10% l'anno, se spinto dalla speculazione o da altre cause.

Un così alto rendimento del periodo altro non è che la difesa del capitale dalla perdita di valore della moneta. Particolare non trascurabile, perché i rendimenti sono in genere offerti sempre al lordo dell'inflazione. È lecito quindi attendersi da questo investimento una redditività più alta di quella che noi abbiamo indicato come la soglia minima, sicuramente raggiungibile.

Investire al meglio il tuo capitale

Per avere la disponibilità di un immobile che costa 500.000 euro, come quello che abbiamo sin qui preso ad esempio, per abitarvi o per svolgervi una professione, puoi scegliere di acquistarlo, di prenderlo in locazione con un contratto tradizionale oppure di comprarne solo l'usufrutto a tempo determinato, investendo il tuo capitale nel modo che ritieni più remunerativo e sicuro.

SEGRETO n. 19: per investire il tuo capitale puoi comprare

un immobile, prenderlo in affitto oppure acquistarne l'usufrutto a tempo determinato.

Tutte e tre queste ipotesi potranno darti la disponibilità di un immobile, ma, come abbiamo dimostrato, l'acquisto dell'usufrutto a tempo determinato si rivelerà molto più vantaggiosa, soprattutto se contemporaneamente farai un altro investimento parallelo, acquistando la nuda proprietà a tempo determinato di un altro immobile.

Per assicurarti per 18 anni la disponibilità di questo immobile che costa 500.000 euro, dovrai comprarne l'usufrutto a tempo determinato, che, come abbiamo già visto, costa 225.000 euro, cioè il 45% del suo prezzo. Per facilitarti nell'acquisto, potrai far intervenire anche una società di leasing immobiliare.

Per convincerti, immagina l'acquisto del diritto di usufrutto a tempo determinato come un contratto di locazione con il pagamento anticipato. In questo caso, il pagamento potrebbe essere fatto anche da una società di leasing o da una banca che, con la sua interposizione, paga il prezzo al proprietario, dopo di che si sostituisce a lui e da quel momento in poi incassa le rate di leasing dal suo cliente, come fossero affitti.

Tu, quale futuro proprietario dell'usufrutto, per tutti i 216 mesi di durata del contratto, sino alla scadenza della rata finale quando potrai riscattare il diritto di usufrutto a tempo determinato, pagherai mensilmente rate di leasing fisse e invariabili, anziché rate di affitto suscettibili di aumenti e revisioni annuali e periodiche.

Per tutto il periodo di validità del tuo diritto di usufrutto, sarai un usufruttuario, ovvero un "proprietario temporaneo" dell'immobile. Per tutti i 216 mesi di durata del diritto pagherai dunque rate da 1.450 euro al mese, che resteranno fisse e invariabili, senza aumenti e senza dover trattare rinnovi e aumenti di canone.
Come usufruttuario, avrai il diritto di rappresentare la proprietà dell'immobile e sarai ad esempio convocato alle riunioni di condominio, dove potrai decidere direttamente su quasi tutti gli argomenti.

Sarai insomma titolare di un diritto reale che, per tutto il suo periodo di godimento, potrai anche cedere o vendere. Potresti ad esempio decidere a tua volta di dare in affitto l'immobile (tutto o in parte) per il restante periodo di validità dell'usufrutto oppure solo per brevi periodi, lucrando la non trascurabile differenza di valore tra l'affitto tradizionale e l'importo della rata di leasing. In questo caso otterresti un guadagno che potrebbe superare anche i 1.000 euro al mese, soprattutto nel periodo prossimo alla fine del contratto.

L'usufrutto di un immobile dal valore di 500.000 euro, acquistato con un leasing al 3,5% di interesse, per 216 mesi mediamente comporta una rata di circa 1.450 euro al mese, che però negli ultimi mesi si ridurrà del 53,76% a seguito della svalutazione del 2,5% l'anno. Di fatto, alla fine del contratto, la rata arriverà al valore reale di 670,48 euro al mese, il che equivale per tutti i 18 anni a una rata media effettiva e costante di 1.050 euro al mese.

Ponendo che l'usufruttuario abbia un reddito mensile di 2.500 euro, le prime rate rappresenteranno per lui il 40% delle sue entrate, ma, nell'ultimo mese, si ridurranno al 17,48% del suo reddito, rivalutato anch'esso. Per avere la disponibilità di questo immobile per 18 anni, spenderà complessivamente 282.540 euro.

Il valore locativo di questo immobile che, come usufruttuario, ha pagato euro 225.000 (282.540 di rate), ammonterebbe per lo stesso periodo a 585.000 euro (450.000 al 5% l'anno di rendimento, oltre a 135.000 euro per aumenti secondo gli indici Istat, che mediamente valuteremo nel 1,5% l'anno).

Anche questa ipotesi è valida solo come paragone teorico, perché in 18 anni un contratto d'affitto, stipulato ai sensi della Legge n. 392 del 1978, dovrà essere stato rinnovato almeno quattro volte.

A ogni rinnovo, il locatore avrà recuperato la perdita di reddito sino ad allora subita per la svalutazione e avrà cercato di sfruttare l'occasione per aumentare il canone di affitto precedentemente percepito, per anticipare il rimborso della svalutazione del nuovo periodo di locazione.

L'affitto di questo immobile per i 18 anni considerati costerebbe complessivamente 585.000 euro in rate mensili, contro i 282.240

pagati mensilmente per il leasing. In pratica con una spesa di 225.000 euro, che potrebbe pagare anche a rate, l'usufruttuario acquista per 18 anni un diritto di "proprietà attenuata" di un immobile, che occuperà avendo la possibilità di percepirne i frutti e la rendita.

I circa 300.000 euro (1.400 euro al mese) risparmiati rispetto alla locazione si potrebbero utilizzare per migliorare il proprio tenore di vita e/o per accantonare del capitale. Il capitale posseduto inizialmente, pari a 500.000 euro, è nel frattempo ancora a disposizione, perché non si è dovuto impiegare per l'acquisto di questo immobile.

Il mio consiglio è di usarlo per l'acquisto della nuda proprietà a tempo determinato, con la durata di 18 anni, di un altro immobile dal costo di 910.000 euro. In base al conto che già conosciamo, questo immobile verrà pagato 500.000 euro, che arriveranno a circa 1.400.000 quando, alla fine del periodo di vigenza dell'usufrutto, la nuda proprietà sarà divenuta una piena proprietà.

Tutta l'operazione terminerà dunque con questa minima e

immancabile rivalutazione del capitale iniziale:

- valore del nuovo capitale: euro 1.400.000;
- costo dell'usufrutto: - euro 282.000;
- valore netto del nuovo capitale: euro 1.118.000;
- capitale iniziale: - euro 500.000;
- rivalutazione netta ottenuta: **euro 618.000**, pari al 6,87% l'anno, 2.860 euro al mese esentasse!

Semplice acquisto del diritto di usufrutto a tempo determinato, senza investimento parallelo

Se, per avere la disponibilità di un immobile, tu fossi costretto a rivolgerti al mercato delle affittanze, sarebbe per te sicuramente più consigliabile procedere all'acquisto del diritto di usufrutto a tempo determinato, anche qualora tu non volessi, come nel caso precedente, fare alcun tipo investimento parallelo.

SEGRETO n. 20: l'acquisto dell'usufrutto dimostra l'assoluto vantaggio dell'utilizzo dei diritti reali di proprietà nel mercato immobiliare.

In questo caso, potrai acquistare l'usufrutto attraverso

l'interposizione di una società finanziaria con la quale stipulare un contratto di leasing. Questa, conclusa la rituale indagine sul tuo reddito e sulla tua capacità di restituzione, non mancherà di rilevare come l'incidenza delle rate sul tuo reddito decrescerà con il passare del tempo.

L'enorme convenienza offerta dall'usufrutto a tempo determinato, rispetto al solito contratto di affitto, è evidente per tutte le parti contraenti.

Come acquirente dell'usufrutto, potrai pagare il diritto acquistato con rate costanti, sostituendo in un certo senso il "padrone di casa" con la banca, ma pagando un canone di locazione finanziaria che, di fatto, sarà meno della metà del valore locativo.

Il calcolo è semplice: la locazione di un immobile deve assicurare alla proprietà una rendita annua che va almeno dal 4% al 6% del suo valore e che deve essere aggiornata ogni anno. L'usufrutto costa invece appena il 2,5% l'anno e non deve essere aggiornato mai, anzi il suo valore reale decresce con il passare degli anni.

Al momento della decadenza del diritto che ha acquistato, l'usufruttuario potrà con la stessa procedura acquistare il diritto di usufrutto dello stesso immobile o di un altro simile. Nel frattempo, vista la minore incidenza del costo dell'abitazione sul suo reddito mensile, avrà avuto la possibilità di vivere più agiatamente in una casa più spaziosa e prestigiosa.

In alternativa, accontentandosi di un immobile meno prestigioso, avrà potuto vivere senza pensieri la sua vita, godendosi diversi piaceri, o decidere di accantonare del risparmio. Se poi avrà scelto di investire i suoi risparmi nell'acquisto di una nuda proprietà a tempo determinato di un altro immobile, con i vantaggi che abbiamo visto, potrebbe nel frattempo aver quasi completamente compensato le spese sostenute per l'acquisto dell'usufrutto.

RIEPILOGO DEL GIORNO 4:

- SEGRETO n. 16: l'acquisto di un immobile in piena proprietà può infliggere alla vita propria e delle altre persone coinvolte un improduttivo regime di sacrifici e ristrettezze, che costringono a deprimere gli altri possibili consumi.
- SEGRETO n. 17: fra le diverse ipotesi bisogna scegliere quella più adatta alla propria situazione e verificarne la convenienza economica.
- SEGRETO n. 18: considera la nuda proprietà immobiliare come un prodotto finanziario. È una possibilità di investimento e accantonamento di risparmio di eccezionale sicurezza e redditività.
- SEGRETO n. 19: per investire il tuo capitale puoi comprare un immobile, prenderlo in affitto oppure acquistarne l'usufrutto a tempo determinato.
- SEGRETO n. 20: l'acquisto dell'usufrutto dimostra l'assoluto vantaggio dell'utilizzo dei diritti reali di proprietà nel mercato immobiliare.

GIORNO 5: L'usufrutto a tempo determinato: una scelta conveniente per tutti

La compravendita del diritto di usufrutto a tempo determinato di un immobile sorprendentemente riesce a mettere tutti d'accordo. Risulta infatti la scelta più conveniente e meno costosa per l'acquirente e al tempo stesso anche per il proprietario, che realizza un lucroso ottimo affare. Si tratta di un caso più unico che raro: non capita spesso infatti che il venditore guadagni più del solito e, contemporaneamente, il compratore risparmi più del solito.

Vediamo quali sono i vantaggi per le tre parti contraenti, comprendendo nel nostro esame anche la posizione della società di leasing immobiliare che si interpone. Cominciamo con l'acquirente del diritto di usufrutto a tempo determinato, che diviene "un proprietario temporaneo, possessore di un diritto reale di proprietà attenuata".

Questo diritto, in occasione delle assemblee condominiali, gli consentirà di esprimere la sua opinione su tutti gli argomenti di manutenzione ordinaria e straordinaria, senza necessità di avere alcuna delega.

Potrà decidere in totale autonomia, fatti salvi i casi eccezionali che si riferiscono alla conservazione della staticità dell'immobile e che il Codice civile, nel capitolo relativo all'usufrutto, riserva al nudo proprietario. Nel condominio, sarà dunque un soggetto attore e non un oggetto di decisioni altrui, magari da lui non condivise o addirittura ritenute ostili.

La sua permanenza nell'immobile sarà assolutamente garantita per tutta la durata del diritto acquistato con un atto notarile, che peraltro, oltre all'uso dell'immobile, gli assicura anche di poter godere dei suoi frutti, stabilendo un rapporto sicuramente più libero e onorevole rispetto al contratto locativo.

SEGRETO n. 21: l'usufruttuario è titolare di un diritto di proprietà immobiliare che, sin quando è vigente, riserva solo a lui la gestione della proprietà.

Le innumerevoli norme, a volte anche contraddittorie, che si sono affastellate nel tempo rendono il contratto di locazione poco conveniente per tutte le parti, spesso fonte di costose liti giudiziarie. La mancanza di reddito per una parte e l'alto costo dell'affitto, che grava pesantemente sul reddito dell'altra, le induce ad aggirare le clausole previste dal contratto e a non tenere conto di alcuna delle norme vigenti.

In caso di disaccordo, queste inadempienze diventano facilmente la fonte di ripicche tra le parti e spesso sfociano in controversie legali, che sono uno spreco di tempo e di denaro e intasano i Tribunali.

Per ottenere la locazione tradizionale di un immobile, l'utilizzatore-inquilino deve assicurare al proprietario una rendita dal 4% al 6% l'anno del vero valore dell'immobile. La pattuizione contrattuale così conclusa sarà per di più soggetta a revisioni, aumenti, rinnovi e limitazioni. La sua permanenza nell'immobile in forza di questo contratto sarà dunque costosa e aleatoria.

Per un immobile del valore di 500.000 euro, l'inquilino dovrà pagare un fitto mensile di circa **2.000 euro** (il 5% l'anno di rendimento) e la sua permanenza dovrà essere rinegoziata costantemente.

In caso di acquisto del diritto di usufrutto, invece, la sua permanenza nell'immobile sarà assicurata da una pattuizione semplice e chiara, riassunta nell'atto pubblico di trasferimento e non soggetta a modifiche per tutta la sua durata. Il costo di questo utilizzo, inoltre, sarà pari a circa il 2,5% l'anno del valore dell'immobile (circa euro 1.000 al mese).

Se poi, durante il periodo di validità del diritto acquistato, l'acquirente decidesse di interrompere l'uso dell'immobile, potrebbe incaricare un intermediario in affari immobiliari di vendere sul mercato delle locazioni il residuo tempo di validità del suo diritto.

Rimanendo nella sua posizione di usufruttuario, potrebbe altrimenti proporre l'immobile in locazione tradizionale. In questo caso avrebbe l'opportunità di lucrare il maggior prezzo della locazione rispetto alle sue rate di leasing, che ogni anno che passa diventano sempre più convenienti.

Abbiamo preso atto che l'immobile ceduto in affitto rende globalmente al proprietario circa il 5% l'anno del suo valore ed è evidente che lui potrà contare quasi esclusivamente sulla rivalutazione della sua proprietà.

Se questa vale 500.000 euro, nel solito periodo di 18 anni, il suo valore aumenterà almeno di 268.000 euro (pari a un 2,5% l'anno per il recupero della svalutazione tecnica). A volte questa percentuale potrà anche essere maggiore, per le fiammate di aumenti che nel settore immobiliare si verificano con cadenze quasi decennali.

La rendita del 5%, calcolata per 18 anni senza interruzione (ammesso che questa eventualità sia realizzabile), comprese le rivalutazioni Istat e tolte le imposte, potrebbe arrivare al massimo a un ipotetico 2,6%, per un totale di circa 214.000 euro (991,00 euro al mese), incassati in rate di affitto mensili.

Se invece il proprietario incassasse tutto assieme il prezzo dei 18 anni di locazione, così come avviene per il prezzo dell'usufrutto, l'importo, attualizzato al tasso di interesse del 3%, arriverebbe a 150.000 euro circa.

Potremmo comunque trovarci di fronte a un proprietario che ritenga di non poter rinunciare a incassare mensilmente i 991,00 euro della locazione. In questo caso potrebbe comunque vendere l'usufrutto a tempo determinato del suo immobile e incassare subito e in contanti la somma di 225.000 euro, pari al 45% del valore.

A questo punto potrebbe depositare questa somma in un conto vincolato per 18 anni presso un istituto bancario, con un interesse netto del 3%, dal quale prelevare ogni anno un diciottesimo della cifra iniziale, da destinare alle sue necessità.

Da questo deposito potrà ritirare, mediamente, ogni mese 312,50 euro per l'interesse del 3% sul deposito, oltre a 1.042 euro, fino a esaurire i suoi 225.000 euro. Avrebbe in questo modo realizzata una rendita certa di 1.355 euro al mese, contro i 1,083 euro che potrebbe teoricamente ricavare mensilmente dall'affitto, con un incremento di rendimento del 30%. Potrebbe in aggiunta dimenticarsi dell'immobile, che tanto gli rende lo stesso, anzi di più.

Invece di essere spesa mese per mese, questa somma potrebbe essere investita nell'acquisto della nuda proprietà a tempo determinato (con scadenza a 18 anni) di un altro immobile del valore di 400.000 euro, di cui dovrebbe pagare solo il 55%.

Alla fine del periodo di validità, quando il suo diritto si sarà tramutato in piena proprietà, la somma di 225.000 euro, ricavata dalla vendita dell'usufrutto del suo immobile, si sarà tramutata in 580.000 euro, giusto il calcolo della redditività della nuda proprietà che abbiamo già analizzata.

La rendita della proprietà immobiliare che valeva 500.000 euro, dalla quale siamo partiti per la vendita del diritto di usufrutto a tempo determinato a 18 anni, è stata di 580.400 euro, tolte le imposte. Questa somma rappresenta il 116% del valore dell'immobile, pari al 6,44% l'anno (2.685 euro al mese, in media), con un incremento del 170% rispetto alla locazione. E tutto questo avendo il vantaggio di non dover compiere nessuna attività, né amministrativa, né fiscale, né contabile.

Il capitale di 500.000 euro ha reso globalmente, in diciotto anni: 268.000 euro per rivalutazione, più 580.400 euro per l'investimento della somma ricavata dalla vendita dell'usufrutto.

In totale, si arriva a **848.400 euro**, con un guadagno del **170%**, pari al **9,40%** l'anno, contro il 2,5% della locazione! Rinunciando quindi a una rendita ipotetica del 2,6% l'anno, questo proprietario ne avrà ottenuta una quadrupla, i cui importi sono per di più ininfluenti ai fini fiscali!

SEGRETO n. 22: alcuni semplici conteggi dimostrano che l'usufrutto è da preferire sempre, sia che si venda sia che si compri.

È senz'altro evidente che dalla proprietà immobiliare ci si attenda di percepire anche una possibile rendita ed è un'aspirazione giusta e legittima quella di cercare di migliorare questi ricavi. È comprensibile dunque che si tenda ad aumentare le magre entrate solitamente garantite dalle abituali locazioni, proposte dalla maggioranza dei proprietari.

Per migliorare le rendite che sino a questo momento sono state realizzate ponendo i propri immobili in affitto o occupandoli direttamente, la strategia migliore è quella di utilizzare i diritti reali di proprietà a tempo determinato. Questi ultimi infatti da un lato procurano al proprietario/venditore una maggiore fonte di reddito e una poco costosa fonte di liquidità, dall'altro assicurano all'utilizzatore una meno onerosa permanenza.

La trasformazione dei rapporti di locazione già in corso per immobili destinati ad attività commerciali, industriali, professionali, di servizio o lavorative nella più conveniente vendita dell'usufrutto a tempo determinato potrebbe liberare ingenti risorse finanziarie per i proprietari.

Anche gli ex inquilini, una volta sostituiti gli attuali rapporti locativi con l'acquisto del diritto di usufrutto a tempo determinato, otterranno nel conto economico delle loro attività più ampi margini di utile, grazie al minore costo che dovranno sostenere per avere la disponibilità dello stesso immobile.

L'inquilino che diviene usufruttuario, oltre a dover sostenere un costo che è circa la metà di quello dell'affitto, noterà anche un altro tipo di vantaggio non certo trascurabile. Acquistando il diritto di usufrutto, avrà infatti la massima libertà nella gestione della proprietà commerciale della sua impresa.

Si libererà inoltre della spada di Damocle rappresentata dal rinnovo del contratto di affitto, eliminando anche il pericolo di un mancato rinnovo per diniego del proprietario, un'eventualità che in certi casi può portare anche alla chiusura dell'attività.

Senza contare poi che la lunga durata del diritto (18/20 anni o più) invoglia indubbiamente l'usufruttuario a investire più tranquillamente nella sua attività somme anche considerevoli, poiché gli dà la certezza di avere tutto il tempo per ammortizzare la spesa sostenuta.

La compravendita del diritto di usufrutto, insomma, gioverebbe a tutto il sistema, che si ritroverebbe più solido e produttivo. La maggiore liquidità nelle mani dei proprietari si riverserebbe poi sul mercato, agevolando l'incremento del reddito nazionale.

SEGRETO n. 23: è un vantaggio partecipare alla trasformazione dei rapporti di locazione già in corso in vendite di usufrutto a tempo determinato.

Gli istituti, pubblici e privati, che costruiscono immobili per le fasce più deboli della società o che li acquisiscono per crearsi un solido patrimonio, volto a garantire le obbligazioni che assumono nei confronti dei loro assistiti o di terzi, così come le società che hanno come finalità la gestione dei loro immobili, per tentare di assicurarsi un reddito, li cedono in affitto.

Per gestire questo loro patrimonio, creano pesanti strutture tecniche e amministrative, che svolgono la triplice funzione di amministratore del patrimonio, di impresa edile incaricata della manutenzione degli stabili e di sorvegliante del comportamento degli inquilini.
Il costo di questi apparati si avvicina pericolosamente all'intero importo dei ricavi, anzi talvolta accade che lo superi

abbondantemente. Il rapporto con gli inquilini poi è sempre conflittuale e risente del disamore che questi provano per gli immobili che occupano, anche se le condizioni economiche offerte loro sono a volte decisamente favorevoli.

Il tentativo di ottenere un reddito da questi immobili di solito naufraga miserabilmente. Se questi proprietari convertissero invece il rapporto locativo intrattenuto con i loro inquilini, cedendo loro l'usufrutto a tempo determinato, potrebbero tornare a occuparsi del solo aspetto finanziario della loro attività.

Potrebbero fare a meno di una struttura tecnico-amministrativa a volte faraonica, affidando l'appalto della gestione degli immobili a una società esterna specializzata, che sovrintenda solo alla corretta applicazione del contratto di usufrutto.

L'amministrazione degli immobili spetterebbe infatti agli usufruttuari, che, in quanto proprietari temporanei, curerebbero l'uso degli spazi comuni, i consumi condominiali e la manutenzione ordinaria e straordinaria. Questa maggior considerazione indurrebbe certamente gli utilizzatori, divenuti usufruttuari, ad assumere comportamenti più responsabili e virtuosi.

L'intervento di un leasing immobiliare potrebbe restituire a queste organizzazioni immobiliari una buona liquidità, attraverso la quale continuare la loro attività o i loro acquisti. L'usufruttuario invece potrebbe pagare il diritto acquistato con una modalità rateale, simile al pagamento di un canone di fitto, ma di importo molto inferiore.

Nonostante il minor ricavo ottenuto dalla vendita dell'usufrutto rispetto alla locazione, l'incasso in contanti di una somma pari al 40/45% del valore dei loro immobili, unito ai minori oneri di amministrazione e di manutenzione, consentirebbe di fare nuovi investimenti. Questi istituti si riroverebbero alla fine ad avere dei margini di gestione più consistenti di quelli precedentemente ottenuti.

Se la politica si occupasse del problema della casa per risolverlo radicalmente e riuscisse a limare le norme giuridiche che regolano i diritti reali di proprietà a tempo determinato, per rendere più scorrevole e semplice il sistema, sicuramente – come avviene in altre nazioni – l'uso del contratto di locazione tradizionale sarebbe limitato ai soli casi di uso transitorio o di breve durata.

Gli istituti di credito avrebbero un nuovo settore sicuro in cui investire i loro capitali. L'utilizzo degli immobili garantirebbe infatti loro rischi di perdite molto più attenuati e un rendimento certo e immancabile.

Il diritto reale di usufrutto a tempo determinato è un diritto reale di proprietà di un immobile che può essere oggetto di compravendita con un atto pubblico, senza esclusione alcuna. È previsto anche l'intervento di un ente finanziario, ora che dal 2005, oltre al possibile finanziamento per l'acquisto d'immobili non abitativi, è stato introdotto in Italia anche il leasing immobiliare per l'acquisto dell'abitazione principale, concesso ai privati che non hanno la partita Iva.

SEGRETO n. 24: in Italia dal 2005 è stato esteso anche ai privati senza partita Iva il leasing immobiliare per l'acquisto dell'abitazione principale.

Il target di riferimento è enorme, smisurato e per una società di leasing vi sono numerosi vantaggi nell'intervenire nel mercato, offrendo sia ai privati sia alle imprese il finanziamento per l'acquisto del diritto di usufrutto a tempo determinato degli immobili.

Il rischio per i compratori è infatti molto attenuato: la loro esposizione rappresenterà al massimo il 50% del valore globale dell'immobile e, con alcuni accorgimenti, si potrà rendere ancora più sicuro il contratto.

Oggi una società di leasing può estendere la sua offerta di prodotti finanziari a diversi target:

- all'attuale mercato delle locazioni, al quale può offrire una più conveniente alternativa;
- ai commercianti e agli uffici, per la conversione degli attuali contratti di locazione nella vendita del diritto di usufrutto a tempo determinato;
- a coloro che mettono in vendita il diritto di usufrutto a scadenza fissa dei propri immobili, con contestuale vendita della nuda proprietà immobiliare a tempo determinato a

risparmiatori attirati dalla convenienza di questo investimento;

- ai costruttori che, per liberarsi del mutuo a costruire che attualmente grava su di loro, mettono in vendita il diritto di usufrutto a tempo determinato, trattenendosi la nuda proprietà, salvo con più calma vendere anche quella;
- alla gestione di patrimoni immobiliari di enti sia pubblici sia privati che, per abbattere i costi di gestione e sottrarsi alla litigiosità del rapporto locatizio, trasformano l'attuale contratto di affitto in vendita del diritto di usufrutto a tempo determinato.

SEGRETO n. 25: inserendosi in questo mercato, nuovo e promettente, come intermediari finanziari collegati a una banca o istituto di credito si otterranno delle sicure soddisfazioni.

La società finanziaria che per prima si specializzerà in questo settore, che nel prossimo futuro rivestirà senza dubbio una grande importanza, ne otterrà un sicuro vantaggio. Se poi, nella stesura del contratto di leasing per l'acquisto del diritto di usufrutto a tempo determinato di un immobile, ricorrerà ad alcune cautele e garanzie accessorie, renderà il contratto stesso privo di incognite.

È importante soprattutto la garanzia accessoria che la società di leasing potrà ottenere dal nudo proprietario/fornitore, vista la sua assoluta convenienza a sostituirsi, nella gestione del contratto, all'utilizzatore eventualmente divenuto inadempiente, sia per assumerne direttamente la conduzione sia per indicare un altro utilizzatore che lo farà in sua vece.

Nel leasing strumentale, settore nel quale il bene oggetto della locazione è di solito adatto solo all'attività del primo cliente, se questo si trova in difficoltà è portato ad abbandonarlo e le società finanziarie hanno molta difficoltà a rivendere l'immobile senza dovere subire una grande perdita.

Se invece il cliente che ha acquistato l'usufrutto a tempo determinato si trovasse nella condizione di non poter proseguire nella conduzione del contratto, non avrà alcuna convenienza ad abbandonare l'immobile oggetto della locazione finanziaria. Quest'ultimo è infatti perfettamente fungibile e il cliente stesso si adopererà per cederlo a terzi, affidandosi a una qualsiasi agenzia immobiliare o pubblicizzando direttamente la sua offerta su internet.

Potrà recuperare così, con il benestare della società di leasing, una parte o tutto il suo capitale, rappresentato dall'importo della plusvalenza che il canone di leasing dimostra nei confronti dell'eventuale locazione tradizionale.

L'agente immobiliare specializzato nella vendita dei diritti reali di proprietà potrà autonomamente rivolgersi alla società finanziaria, per conoscere direttamente gli immobili in sofferenza, per i quali è stato disdetto il contratto di leasing. Potrà così proporre un nuovo cliente che acquisti il diritto di usufrutto, ben contento di concludere così facilmente un affare.

Bastano queste rapide riflessioni per fugare ogni eventuale perplessità delle società di leasing circa l'ingresso in questo immenso mercato.

RIEPILOGO DEL GIORNO 5:

- SEGRETO n. 21: l'usufruttuario è titolare di un diritto di proprietà immobiliare che, sin quando è vigente, riserva solo a lui la gestione della proprietà.
- SEGRETO n. 22: alcuni semplici conteggi dimostrano che l'usufrutto è da preferire sempre, sia che si venda sia che si compri.
- SEGRETO n. 23: è un vantaggio partecipare alla trasformazione dei rapporti di locazione già in corso in vendite di usufrutto a tempo determinato.
- SEGRETO n. 24: in Italia dal 2005 è stato esteso anche ai privati senza partita Iva il leasing immobiliare per l'acquisto dell'abitazione principale.
- SEGRETO n. 25: inserendosi in questo mercato, nuovo e promettente, come intermediari finanziari collegati a una banca o istituto di credito si otterranno delle sicure soddisfazioni.

GIORNO 6

Come entrare subito in un mercato virtuoso

Anche se può risultare ancora nuovo per alcuni, è proprio questo il momento adatto per introdursi in questo mercato. Con la crisi delle vendite, il settore immobiliare si è reso infatti più pronto che mai a recepire modifiche e innovazioni.

Il pubblico, in misura sempre crescente, ha già anticipato il cambiamento adottando l'importantissima novità della vendita diretta, che viene pubblicizzata nei siti internet specializzati. La vendita di un immobile conclusa privatamente fa gola anche all'acquirente, che ha la certezza di poter risparmiare la sua parte di commissione all'agenzia.

La funzione normalmente svolta dalle agenzie di mediazione immobiliare risulta così meno importante e niente affatto risolutiva. Il clima è senza altro favorevole al cambiamento.

L'eccesso di offerta di immobili in vendita e la molto diminuita domanda dei clienti, quest'ultima principalmente dovuta alla scarsità di risparmio nelle loro tasche e ai prezzi troppo elevati, sono alcune delle cause della stagnazione delle vendite di immobili in piena proprietà. Per gli stessi motivi la conclusione dei contratti di affitto è resa difficile.

Sulle affittanze, inoltre, pesano molto la consapevolezza della gravosità delle condizioni economiche richieste all'inquilino e il timore di dover sopportare molto probabili insolvenze, che i Tribunali hanno difficoltà a risolvere in breve tempo. Di conseguenza i proprietari esigono sempre più spesso la garanzia accessoria di una fideiussione bancaria, rendendo ancora più difficile la conclusione di questi contratti, già di per sé quasi impossibili.

Come vedi, in questo momento ci sono tutte le premesse per immettersi nel promettente mercato della vendita dei diritti reali di proprietà immobiliare, specialmente se considerati nella loro forma più vantaggiosa, quella a tempo determinato (con una scadenza fissa), che, come abbiamo già avuto modo di esaminare nei giorni precedenti, è la più profittevole per entrambi i contraenti e la più remunerativa per l'intermediario.

SEGRETO n. 26: l'incarico per la ricerca o selezione sul mercato di un immobile di cui poter acquistare un diritto di proprietà non costituisce attività di mediazione immobiliare.

Siamo certi che il sistema della compravendita degli immobili non potrà evitare di compiere totalmente questa evoluzione. Parimenti siamo convinti che per il futuro sia imprescindibile per le attività di intermediazione immobiliare specializzarsi in questa materia, dalla quale potranno ricavare i maggiori margini di guadagno. Illustrerò nei paragrafi seguenti le due grandi direttrici lungo le quali un'agenzia per la vendita dei diritti reali di proprietà potrà improntare la sua azione.

La vendita del diritto di usufrutto

L'agenzia per la vendita dei diritti reali di proprietà si rivolgerà:

- al mercato immobiliare privato diffuso;
- alle imprese di costruzione;
- ai proprietari di immobili affittati a uffici o di negozi affittati;

- alle attività commerciali;
- alle direzioni di enti e società di gestione immobiliare di fabbricati a uso abitativo.

La vendita del diritto di nuda proprietà

In questo caso l'offerta sarà rivolta:

- ai risparmiatori più cauti;
- alle aziende che devono garantire alla propria clientela, ai fornitori e ad altri soggetti ancora la solidità del loro capitale, come vedremo dettagliatamente più avanti.
- agli intermediari immobiliari, con i quali si potrà stabilire un'interessante sinergia;
- a coloro che desiderano costituire un patrimonio futuro per per i propri figli o per sé stessi, come garanzia per eventuali momenti di difficoltà, in cui si potrebbe avere una minore capacità di reddito.

In Germania e in Francia sono già funzionanti agenzie specializzate nella compravendita di diritti reali di proprietà e certamente anche da noi vedremo a breve il costituirsi di catene di agenzie simili, certamente organizzate in franchising.

Questa nuova attività di intermediazione è la più pronta a utilizzare la comunicazione via internet e, per entrare in contatto con il suo pubblico, utilizza quasi esclusivamente i mezzi informatici, secondo uno schema di funzionamento simile a quello che ora ti illustro.

L'usufrutto e la nuda proprietà a tempo rivolta ai privati

Un'agenzia per l'intermediazione dei diritti reali di proprietà immobiliare rivolge alla clientela privata i suoi messaggi pubblicitari per la vendita dei diritti di proprietà, mettendo in risalto i punti forti di questa settore: la certezza di ottenere il risultato desiderato, la convenienza e la sicurezza di questo tipo di acquisto immobiliare.

Deve dunque sottolineare il fatto che la nuda proprietà a tempo determinato è un interessante prodotto finanziario e rappresenta un diverso e più vantaggioso modo di acquistare un immobile. Suscitata così la curiosità dei potenziali clienti, raccoglie quante più notizie possibile sulle loro necessità e le memorizza, catalogandole attraverso un sistema informatico in base al tipo di immobile ricercato, all'importo a disposizione dell'investimento e ad altri criteri.

Si crea così uno schedario che riunisca sia le richieste di usufrutto di immobili, classificati per tipo, grandezza, ubicazione e costo, sia quelle di acquisto di nuda proprietà, distinte in base all'importo a disposizione del richiedente e al tipo di immobile preferito.

Le richieste ricevute da questa agenzia saranno trattenute dal sistema informatico, che terrà presente, in primo luogo, quella per l'usufrutto a tempo determinato di uno specifico tipo di immobile. Partendo da questa richiesta, il sistema dovrà abbinarne automaticamente un'altra relativa all'acquisto di una nuda proprietà a tempo determinato, avanzata da un investitore per un immobile con caratteristiche simili.

Nello stesso sistema saranno memorizzate e messe in evidenza le offerte di vendita pubblicate dai privati e dalle varie agenzie, sia in internet sia attraverso la pubblicità cartacea, dalle quali selezionare, con cadenza quotidiana, le offerte che più si avvicinano alle richieste ricevute. Gli annunci selezionati serviranno per offrire alla propria clientela l'acquisto del diritto reale di proprietà di un immobile corrispondente alle sue necessità e aspirazioni.

Di questi immobili, almeno di quelli più interessanti, l'agenzia tratterà le condizioni di vendita direttamente con il venditore, per poi proporre alla coppia di clienti prescelta l'acquisto dell'usufrutto a tempo determinato e della nuda proprietà a scadenza fissa.

I clienti che hanno confermata la loro scelta e dichiarata la loro disponibilità a concludere l'acquisto, in accordo con il venditore, saranno accompagnati a visitare l'immobile.

Semplificando di molto le cose, la selezione dell'immobile può essere fatta direttamente dal richiedente l'acquisto dell'usufrutto. Questi potrebbe autonomanente scegliere due o tre immobili in vendita, nella zona da lui preferita, e indicarli già nella richiesta fatta all'agenzia per la vendita dei diritti reali di proprietà, che in questo caso dovrà solo individuare un acquirente per la nuda proprietà (o viceversa).

L'agenzia immobiliare tradizionale, che ha ricevuto il mandato a vendere dal proprietario dell'immobile scelto dai clienti della agenzia per i diritti reali di proprietà, riceverà da quest'ultima un'offerta di acquisto fatta a nome dei suoi due clienti. Dopo aver approvato l'immobile, i due clienti andranno insieme a firmare l'atto notarile di trasferimento, affinché, con quest'unico atto, ciascuno di loro possa concludere l'acquisto del diritto reale di proprietà che ha compromesso.

Allo stesso tempo, il proprietario dell'immobile concluderà, con un unico atto, la vendita del suo immobile, cedendo contestualmente i due diritti reali ai compratori: all'uno venderà la nuda proprietà a tempo determinato, all'altro l'usufrutto a tempo determinato, valido fino alla scadenza pattuita.

Qualora sia previsto che l'acquisto dell'usufrutto avvenga tramite l'intervento di un istituto finanziario, all'atto sarà presente anche il rappresentante di questo istituto, che effettuerà in quella sede il pagamento del prezzo pattuito.

SEGRETO n. 27: per essere operativi non è necessario aprire una nuova agenzia immobiliare. È sufficiente creare una sezione specializzata all'interno di un'attività di mediazione già esistente, senza bisogno di chiedere nessun'altra autorizzazione amministrativa.

L'agenzia per la vendita dei diritti reali di proprietà si rivolge da una parte al mercato delle affittanze, offrendo l'uso pluriennale di un immobile a prezzi molto allettanti, e dall'altra all'immenso settore del risparmio e degli investimenti, offrendo la nuda proprietà a tempo determinato come prodotto finanziario sicurissimo e molto conveniente.

Il settore immobiliare è un settore dinamico, suscettibile di una forte crescita. Allo stesso tempo è anche molto delicato, soprattutto se si ha intenzione di occuparsi di questo nuovo aspetto del mercato, che richiede un'altissima serietà e professionalità.
Per poter instaurare con il cliente un rapporto di fiducia sono necessarie una buona conoscenza dell'argomento e delle ottime

capacità sociali e caratteriali, utili al contatto col pubblico.

Queste doti aiutano a superare agevolmente i classici tre momenti critici della vendita:

1) il momento dell'*attenzione*, che viene suscitata dal messaggio e induce il cliente a compiere il passo successivo.

2) il momento dell'*interesse*, durante il quale il venditore deve usare tutta la sua professionalità per far superare al cliente interessato le sue perplessità. È importante in questa fase saper trovare le argomentazioni giuste per convincerlo di trovarsi dinanzi a un "esperto affidabile", al quale affidarsi e dal quale lasciarsi consigliare sulle scelte più convenienti.

3) il momento del *desiderio*, durante il quale si deve concludere velocemente la vendita. Questa fase, infatti, dura poco: di solito, se si lascia al cliente molto tempo per riflettere, questi attraverserà una nuova tappa, caratterizzata del *ripensamento o riflessione*. Si porrà mille domande, si chiederà se sia davvero necessario e opportuno concludere l'acquisto e se non ci sia la possibilità di un affare migliore. Tutti questi

quesiti potrebbero fargli cambiare idea, salvo poi pentirsi di non aver concluso l'acquisto.

SEGRETO n. 28: per instaurare con il cliente un rapporto di fiducia sono necessarie una buona conoscenza dell'argomento e delle ottime capacità sociali e caratteriali nel contatto col pubblico, per superare i tre momenti critici della vendita.

Aprire un'agenzia immobiliare, com'è facile dedurre, non deve essere una scelta improvvisata, attuata senza possedere i necessari titoli e competenze. Occorre innanzitutto avere una conoscenza approfondita del mercato della zona in cui si andrà a operare.

È poi necessario possedere l'iscrizione all'albo, che si ottiene dopo il superamento di un esame, da sostenere presso la Camera di Commercio competente per il territorio. In alternativa bisogna perlomeno associarsi con una persona che sia in possesso di questo requisito.

In questo secondo caso, però, il soggetto promotore dell'attività dovrà limitarsi a selezionare gli immobili presenti sul mercato, alla gestione dell'ufficio e alle mansioni di segreteria. Gli sarà infatti vietata l'acquisizione di mandati immobiliari, che dovranno sempre essere affidati a una persona munita di autorizzazione.

Per una migliore distribuzione e delineazione dei ruoli, si deve prima valutare quale tipo di società stipulare. Una scorciatoia potrebbe essere quella di svolgere la funzione di procacciatore, che però richiede l'apertura di partita Iva. Un'ulteriore ipotesi potrebbe essere quella di divenire semplicemente un "socio con partecipazione al capitale".

L'inscrizione al registro delle imprese tenuto presso le Camere di Commercio è obbligatoria solo per gli imprenditori, mentre è esclusa per i liberi professionisti già iscritti in particolari albi o ordini professionali, che svolgono attività in forma individuale. Questi ultimi possono fornire l'assistenza richiesta dalla loro clientela per la vendita o l'acquisto di qualsiasi cosa, compresi gli immobili e i diritti reali di proprietà.

La loro attività, in questo caso, sarà intesa come un'opera professionale, che gli darà diritto a ottenere la parcella prevista dalle loro tariffe professionali o un compenso pattuito in precedenza, ma non la provvigione dovuta ai mediatori in affari immobiliari. Ruolo al quale non potranno comunque essere iscritti senza aver sostenuto con successo l'esame di abilitazione, anche qualora siano docenti di diritto commerciale!

Le società che svolgono attività di consulenza devono invece essere inserite nel Registro delle Imprese. L'agenzia immobiliare che ti suggeriamo di aprire, un'*agenzia per le ricerche immobiliari*, si specializzerà in questo settore e reperirà la sua clientela diffondendo la sua offerta attraverso tutti i canali pubblicitari: dalla stampa ai messaggi digitali diffusi su internet.

L'agenzia riceverà speciali incarichi per la ricerca e la selezione di un immobile di cui poter acquistare solo il diritto reale che interessa al cliente: di usufrutto o di nuda proprietà. Qualora la società sia abilitata a svolgere l'attività di mediazione immobiliare, potrà ricevere anche i tradizionali mandati a vendere la piena proprietà.

È indispensabile saper dare ai clienti tutti i necessari elementi di giudizio, affinché possano costruirsi un'opinione precisa sul tipo di operazione consigliata e, di conseguenza, prendere una decisione consapevole.

L'acquirente dell'usufrutto sarà interessato maggiormente alla qualità dell'immobile, alla sua ubicazione, al risparmio che otterrà rispetto alla locazione di un immobile con caratteristiche simili, al metodo di pagamento e alle condizioni d'uso di cui potrà usufruire.

Il cliente interessato ad acquistare la nuda proprietà, invece, per giudicare la convenienza del suo investimento, dovrà verificare la solidità della costruzione, la presenza di elementi di pregio che possono favorire l'incremento di valore dell'immobile nel tempo e l'assenza di elementi che possono deprimerlo, il risparmio che potrà realizzare dalla differenza tra il prezzo che può spuntare e il prezzo del diritto nel mercato immobiliare. Mediamente il prezzo dell'immobile si riduce di circa il 2,5% per ogni anno di durata della nuda proprietà, ma restano ampi margini di contrattazione.

SEGRETO n. 29: minore è il prezzo d'acquisto del diritto di

nuda proprietà a tempo determinato, maggiore sarà il rendimento dell'investimento. Questa cautela può valere anche due punti percentuali di rendimento annuale in più.

Qualora abbia il mandato diretto per la vendita di un immobile in piena proprietà, adatto alle richieste degli acquirenti dei diritti reali, l'agenzia per le ricerche immobiliari si può risparmiare la fase della trattativa con l'altra agenzia immobiliare, che viceversa deve fare da filtro tra il proprietario dell'immobile scelto dall'usufruttuario e l'acquirente, affinché raggiungano un accordo.

La conclusione dell'affare, nel primo caso, è più facile e anche più remunerativa, perché è lo stesso proprietario dell'immobile a conferire all'agenzia per le ricerche immobiliari il mandato di ricercare l'acquirente dell'usufrutto, per poi reinvestire il ricavato nell'acquisto di un'altra nuda proprietà.

Questa agenzia, che per comodità d'ora in poi chiameremo A.P.R.I (agenzia per le ricerche immobiliari), potrà invitare un suo cliente-società, che abbia già concesso in locazione un immobile per uffici, a convertire la locazione in essere nella cessione del diritto di usufrutto a tempo determinato.

Otterrà così una liquidità immediata, sino a metà del valore del suo immobile, che potrà investire nell'acquisto di una nuda proprietà o in un'altra impresa, raddoppiando così la rendita del suo immobile.

L'ex inquilino sarà senz'altro felice di divenire "proprietario temporaneo" dell'immobile e sarà ben disposto a sostituire il "padrone di casa" con un più anonimo ente finanziario, al quale corrispondere circa la metà di quello che avrebbe dovuto pagare se avesse portato avanti il precedente contratto di locazione.

Riceveranno senz'altro un'accoglienza favorevole anche le offerte di intervento che questa A.P.R.I potrà avanzare a un'impresa di costruzione che, per liberarsi del mutuo bancario che grava sul suo budget e togliersi dal rischio che venga dichiarata la sua insolvenza per l'impossibilità di pagare gli interessi che maturano sul suo debito, si convincerà facilmente a vendere l'usufrutto al 45/50% del prezzo minimo di mercato.

Questa operazione le consentirà infatti di recuperare circa il costo di costruzione in base al quale le è stato erogato il mutuo bancario. Con calma, una volta liberatasi dagli oneri finanziari, l'impresa potrà vendere la nuda proprietà in blocco a una società con finalità di investimento senza rischi.

Altrimenti potrà, tramite l'agenzia per la vendita dei diritti immobiliari, cedere a investitori privati il diritto di nuda proprietà delle singole porzioni immobiliari, o ancora decidere di trattenerlo per sé.

SEGRETO n. 30: una buona strategia è quella di offrire alle imprese di costruzione la propria intermediazione per la vendita dell'usufrutto a tempo determinato dei loro immobili.

Il titolare (o comunque la persona più adatta e competente in materia) dell'agenzia per la vendita dei diritti immobiliari offrirà ai costruttori che hanno immobili di difficile vendita e che "pesano" sulla loro impresa l'intervento della A.P.R.I., per sbloccare la situazione di empasse nella quale si trovano.

Dovrà illustrare nei dettagli l'attività professionale che offre, sottoponendo all'attenzione delle imprese di costruzione considerazioni pregnanti sulla loro situazione e spiegando quale progetto propone per risolverla. Le considerazioni da evidenziare, in questo caso, sono simili a quelle dell'esempio che segue.

Prendiamo il caso di un'impresa che abbia costruito, su terreno proprio, 20 appartamenti di taglio medio-piccolo, per complessivi 2.000 mq, che intende vendere a 4.000 euro/mq, con l'obiettivo di incassere complessivamente 8.000.000 euro. Per edificare questi appartamenti, la società ha ottenuto dalla banca un finanziamento di 1.500 euro/mq, per complessivi 3.000.000 euro.

Questo debito per interessi costa circa 120.000 euro l'anno, i quali vanno a sommarsi al debito complessivo, che al momento è divenuto di circa 3.500.000 euro. Se il costruttore è riuscito a vendere l'intero fabbricato, ha realizzato una liquidità residuale di 4.500.000 euro, si è liberato del mutuo, dei costi del terreno e delle somme da restituire ad altri.

Certamente non più del 20% di questo ricavo globale costituisce utile d'impresa: dell'importo complessivo delle vendite gli sono rimasti quindi solo 1.600.000 euro netti, che dovranno ancora essere sottoposti al prelievo fiscale del 50%. L'utile netto da bilancio che potrà portare a capitale sarà alla fine di 800.000 euro.

Poniamo che la crisi del mercato non gli abbia, **fortunatamente per lui**, consentito ancora questo realizzo. Dico fortunatamente, perché in questo caso sarà ancora in tempo per seguire la soluzione che gli sarà suggerita:

1) Vendere il diritto di usufrutto per 20 anni a una società, alla quale potrà eventualmente partecipare anche il costruttore, a un prezzo pari al 50% del valore commerciale dell'immobile, che in questo caso potrebbe essere valutato, come se il mercato fosse ancora fiorente, in 4.500 euro/mq, per un totale di circa 9.000.000 euro.

   Il prezzo del diritto ceduto sarà dunque fissato a 4.500.000 euro, che la società di leasing pagherà dopo avere estinto il mutuo in essere, consegnando al costruttore la differenza di 1.000.000 euro. La società acquirente il diritto restituirà circa 6.200.000 euro, che, con un tasso del 3,5%, corrispondono all'incirca a 240 rate di leasing fisse di 14,25 euro × mq × mese (170 euro × mq × anno).

2) La società che ha comprato l'usufrutto a tempo determinato porrà in locazione l'immobile in ragione del 4% l'anno del valore dell'immobile (9.000.000 euro), incassando: 9.000.000 euro × 4% = 360.000 euro × anno, pari a 180 euro × mq × anno. Questo importo il primo anno potrà consentire una liquidità di cassa di circa 10 euro × mq × anno, pari a 20.000 euro. Noi prevediamo che l'incasso pareggi l'importo da pagare per il leasing. Sicuramente aumenterà col tempo, mentre l'impegno di pagamento diminuirà anno dopo anno, a seguito della svalutazione tecnica che le rate di leasing subiranno.

Fatte salve le necessarie correzioni per le situazioni concrete che si andranno a esaminare, possiamo concludere che certamente la società che ha acquistato l'usufrutto sarà vitale e non avrà difficoltà, avendo queste ragionevoli pretese, a inserirsi nel famelico mercato delle locazioni. Nei suoi bilanci, gli incassi saranno contrapposti all'ammortamento del prezzo di acquisto e alla copertura di spese di gestione e non determineranno un importante utile imponibile.

3) Nell'attesa che si esaurisca l'usufrutto, il costruttore vedrà la sua nuda proprietà rivalutarsi oltre il 10% l'anno, come abbiamo già visto nei capitoli precedenti. Nel frattempo il suo capitale – costituito dal suolo edificatorio, che sarà rimasto di sua proprietà, dall'utile previsto e dal finanziamento dei soci, equivalente circa al valore della nuda proprietà – alla fine del ventesimo anno sarà divenuto:
- nuda proprietà iniziale: euro 4.500.000;
- differenza incassata dalla vendita del leasing: euro 1.000.000;
- valore dell'usufrutto che si è sommato: euro 4.500.000;
- recupero dell'inflazione tecnica: euro 4.890.000.
- **totale: euro 14.890.000**.

Di questo importo quasi nulla è da considerarsi ricavo da vendite, rilevante ai fini fiscali.

Se l'iniziativa imprenditoriale (dalla progettazione al primo colpo

di piccone, alla fine delle vendite) si fosse conclusa nei cinque anni necessari con la vendita di tutto il complesso e, negli stessi 20 anni, si fosse ripetuta altre tre o quattro volte, l'utile di 1.600.000 euro avrebbe assicurato un capitale netto di 2.800.000 euro (pari a circa 3.500.000 euro, considerando il valore che avranno alla fine del ventesimo anno).
Sospendendo la sua attività e potendosi nel frattempo occupare d'altro, questo costruttore attualmente in difficoltà, in venti anni, avrà realizzato un capitale di circa 15.000.000 euro, 4 volte di più di quello che avrebbe con successo realizzato nello stesso tempo, affannandosi con cemento, ferro, calce, maestranze e autorità.

Il guadagno della sua impresa che, lavorando, ammonta a 160.000 euro l'anno, senza fare niente, senza correre rischi o alee, diventa di 650.000 euro, assolutamente certi e invariati per tutti i 20 anni a venire. Non male!

La clientela per la compravendita di questi diritti è sconfinata, sia quella interessata ai diritti di nuda proprietà immobiliare a tempo determinato, sia quella interessata all'acquisto dell'usufrutto a tempo determinato, ed è principalmente costituita da:

- risparmiatori disillusi dalla Borsa e attirati dalla convenienza e sicurezza di questo tipo di investimenti;
- società che devono garantire le proprie obbligazioni contratte verso terzi o verso creditori, ai quali devono assicurare, con un solido capitale, un'assistenza finanziaria o la restituzione di quanto ricevuto;
- acquirenti desiderosi di assicurarsi un futuro per sé o per i propri figli, che comprano questo diritto sicuri che, in un tempo certo, più che raddoppierà il suo valore e recupererà automaticamente la svalutazione del periodo;
- risparmiatori che vedono in questo investimento il modo di assicurarsi una rendita futura, anche in sostituzione delle pensioni private;
- fondi di investimento immobiliare.

RIEPILOGO DEL GIORNO 6:

- SEGRETO n. 26: l'incarico per la ricerca o selezione sul mercato di un immobile di cui poter acquistare un diritto di proprietà non costituisce attività di mediazione immobiliare.
- SEGRETO n. 27: per essere operativi non è necessario aprire una nuova agenzia immobiliare. È sufficiente creare una sezione specializzata all'interno di un'attività di mediazione già esistente, senza bisogno di chiedere nessun'altra autorizzazione amministrativa.
- SEGRETO n. 28: per instaurare con il cliente un rapporto di fiducia sono necessarie una buona conoscenza dell'argomento e delle ottime capacità sociali e caratteriali nel contatto col pubblico, per superare i tre momenti critici della vendita.
- SEGRETO n. 29: minore è il prezzo d'acquisto del diritto di nuda proprietà a tempo determinato, maggiore sarà il rendimento dell'investimento. Questa cautela può valere anche due punti percentuali di rendimento annuale in più.
- SEGRETO n. 30: una buona strategia è quella di offrire alle imprese di costruzione la propria intermediazione per la vendita dell'usufrutto a tempo determinato dei loro immobili.

GIORNO 7:
Come promuovere una società per i diritti reali di proprietà

Le rilevazioni sull'andamento del mercato immobiliare urbano nel 2009 mostrano una tendenza alla diminuzione dei prezzi. Mentre aumenta il numero degli immobili in vendita, diminuiscono i prezzi richiesti e molte meno transazioni si concludono con un contratto di vendita.

La previsione per l'andamento del 2011 prevede un cauto e lieve aumento della conclusione delle compravendite e un'ulteriore crescita delle richieste di affitti che, come alternativa all'acquisto, dovrebbero essere la valvola di sicurezza del sistema.

Anche di contratti di affitto però se ne concluderanno solo pochi di più, perché molte necessità resteranno insoddisfatte. Sono tutti sintomi evidenti del disagio in cui versa il sistema della compravendita degli immobili.
Nel ciclo della produzione e della vendita degli immobili, si sente

la necessità dell'intervento di una struttura intermedia, che, attraverso la semplice compravendita dei diritti reali di proprietà, contribuisca a togliere dal mercato l'eccesso d'offerta di immobili in vendita e sia altresì in grado d'assicurare un ampio sbocco all'eccesso di richieste d'affitto, offrendo costi più convenienti e senza dovere attendere che siano realizzate costruzioni popolari o che siano emanate leggi speciali.

Qualcuno ha ipotizzato che questa funzione possa essere svolta da un ente pubblico che acquisti l'invenduto, soprattutto nuovo, per offrirlo al mercato delle locazioni, con contratti d'affitto tradizionale a canoni ridotti, politici, calcolati con un minimo interesse l'anno.

A mio parere sarebbe un'ipotesi disastrosa, che renderebbe pubbliche le perdite private e porterebbe alla formazione della solita baracca fallimentare a carico dello Stato, perché, a quest'ente, detratte le spese per la sua amministrazione e altre, le imposte e le alee, non resterebbe nulla da iscrivere all'attivo.

Il capitale occorrente per quest'intervento sarebbe reperito con l'indebitamento, ma la magra, se non completamente assente, rendita delle locazioni, non sarebbe sufficiente a consentire il suo ammortamento e la sua restituzione. Questa condizione sarebbe fonte d'altri spaventosi deficit che, di fatto, andrebbero a gravare ulteriormente sul già pesante debito pubblico.

Il problema dell'invenduto esiste e si dovrà affrontare con mezzi adeguati. Per questi motivi si è creato amplissimo lo spazio per l'intervento di una società finanziaria che svolga la stessa funzione richiesta all'ente pubblico, senza però creare le premesse per l'ennesima fonte di passività che finirebbe nel calderone pubblico.

Questa società agirebbe in questo mercato e potrebbe risolvere il problema dell'invenduto del costruttore nel modo illustrato il giorno precedente, avendo una struttura più robusta e finalità esclusivamente finanziarie.

Per intraprendere il suo progetto operativo, la società dovrà trovare i mezzi economici necessari nell'ampio mercato finanziario e del risparmio, dove le sue emissioni azionarie potranno risultare interessanti. Con questi mezzi sarà in grado di inserirsi nel mercato immobiliare, avviando una campagna di acquisti e di vendite.

SEGRETO n. 31: la società per i diritti reali di proprietà può essere promossa da un socio, anche di minoranza, che sia in grado di attrarre altri soci finanziatori.

Il suo scopo sarà di investire i capitali propri e quelli che raccoglierà sul mercato azionario da altri investitori, per intervenire nel settore delle nuove costruzioni acquistando l'invenduto, facendo quello che avrebbe dovuto fare un costruttore più riflessivo.

La sua azione farà risparmiare al costruttore la costosa attesa di completare tutte le vendite e gli eviterà di sostenere inutilmente i costi della sua, sia pur piccola, organizzazione, da tenere in piedi per tutti gli anni che saranno necessari per arrivare alla fine delle vendite.

Gli farebbe inoltre risparmiare gli interessi passivi che nel frattempo si maturerebbero e gli eviterebbe la sosta forzata della sua attività, costretta a restare in stand by nell'attesa che il suo capitale rientri e che tornino libere le garanzie che ha concesso per ottenere i mutui e che gli sono necessarie per avviare una nuova iniziativa.

Le offerte d'acquisto avanzate da questa società finanziaria troverebbero un'accoglienza favorevole presso le imprese di costruzione, perché in alcuni casi le perdite dovute all'attesa delle vendite possono arrivare a vanificare buona parte di quell'utile che invece, nel calcolo di fattibilità, era stato previsto abbondante.

Dinanzi all'ipotesi dell'immediata vendita in blocco di tutto il cantiere, il costruttore di un immobile per abitazioni, in una zona media di Roma, potrebbe essere portato a ridurre il prezzo da 6.000 a 5.000 euro/mq.

Gli resterebbe ancora un buon margine di ricavi sui costi, potrebbe evitare ogni rischio dovuto all'invenduto e sarebbe libero di pensare subito a nuovi progetti. Il margine di guadagno, anche così ridotto, resterebbe comunque molto maggiore della percentuale di utile che potrebbe ottenere se gestisse in proprio le vendite.

Il settore delle costruzioni utilizza massicciamente il credito bancario, che impiega per finanziare tutti i suoi costi. Lo fa intervenire già nella fase di acquisto del terreno edificabile, ottenendo l'erogazione di una somma che complessivamente può arrivare sino al 70% del valore dell'opera finita.

Così, passati i cinque anni necessari per poter considerare concluso l'affare, se le vendite hanno stentato, la banca, con gli interessi passivi, avrà già assorbito buona parte del restante margine di guadagno previsto.

È evidente che la società finanziaria che s'interpone in questo mercato tra il costruttore e la sua clientela è in grado di offrire l'immobile a una clientela diversa da quella a cui si rivolge il costruttore con la sua vendita diretta.

Il suo scopo è di acquistare a un prezzo vantaggioso gli immobili, appena finiti i lavori, per trattenere per sé la nuda proprietà a tempo determinato che porterà a capitale, collocando subito l'usufrutto a tempo determinato, da offrire come scelta più conveniente nel crescente mercato delle locazioni.

Per soddisfare adeguatamente questa funzione, costituirà, magari con la partecipazione degli stessi soci, una società specializzata per l'acquisto dell'usufrutto di tutto l'immobile, che offrirà in locazione o che cederà in usufrutto a coloro che intendono utilizzarlo.

Il vantaggio di prezzo ottenuto nell'acquisto assicurerebbe un ulteriore margine operativo alla sua azione. Il rendimento del capitale potrebbe essere superiore al 10% netto l'anno, potendo arrivare anche al 15%. Le sue azioni potrebbero avere altre plusvalenze, che potrebbero esserle accordate nel listino della Borsa dal mercato azionario.

La nuda proprietà a tempo determinato, capitalizzata, potrebbe essere rimessa sul mercato, intera o frazionata, tramite una rete di agenzie collegate alla società, realizzando il delta tra la quotazione di mercato degli immobili e il minor prezzo ottenuto in fase d'acquisto grazie alla sua capacità contrattuale.

Quella porzione di nuda proprietà che è invece entrata a far parte stabile del patrimonio della società, mantenuta per tutta la durata dell'usufrutto ceduto (supponiamo che siano i soliti venti anni), avrà subito la stessa percentuale di rivalutazione di quella trattenuta nel capitale del costruttore:

- nuda proprietà a 20 anni = capitale = 100%
- plusvalenza da vendita dell'usufrutto = 10%
- valore dell'usufrutto che si è sommato = 100%
- recupero dell'inflazione tecnica in 20 anni = 114%
- **totale = 324%**

Il capitale iniziale si sarà dunque più che triplicato.

Anche le agenzie immobiliari incaricate di vendere un immobile in piena proprietà potrebbero approfittare dell'immediatezza della conclusione dell'affare, inducendo il cliente ad accettare il prezzo offerto da questa società e rinunciando a proseguire il tentativo di concludere una difficile vendita.

La liquidità necessaria al funzionamento della società potrà essere facilmente offerta dal mercato del risparmio, nel quale le sue azioni saranno quotate e compravendute da una clientela di investitori particolarmente sensibile all'alto rendimento e alla matematica certezza dell'esito di un investimento in immobili.

SEGRETO n. 32: per fare funzionare al meglio la sua capacità operativa, la società finanziaria deve farsi affiancare da una rete di agenzie specializzate nella compravendita dei diritti reali di proprietà.

In questo modo la sua area di intervento non sarà essenzialmente locale e potrà anzi coprire tutto il territorio nazionale. A tal fine, la società nominerà come corrispondenti alcuni tecnici del settore, scelti in ciascuna zona tra i periti, gli ingegneri e gli architetti di stimata fama e fiducia, che doterà di una procura speciale.
Questi tecnici di fiducia avranno la funzione di periziare gli immobili proposti dalle agenzie che fanno parte della rete che la affianca e di definirne l'esatto valore. Potranno pure rappresentare la società innanzi al notaio, che potrà così concludere l'acquisto e la simultanea vendita dell'usufrutto con la sola presenza dei

clienti, con l'assistenza dell'agenzia e di questo tecnico munito di procura.

Il notaio scelto provvederà direttamente alla movimentazione degli importi necessari all'acquisto o ricavati dalle vendite. Saranno così soddisfatte le richieste di acquisto dell'usufrutto a tempo determinato, selezionate tra le richieste già elaborate dal programma digitale dalle A.P.R.I. aperte con la concessione del franchising.

La Borsa USA ha avuto un rendimento reale medio del 3,5% negli ultimi 40 anni. Questo significa che chi vi ha investito, iniziando dal 1970, ha ottenuto un rendimento medio pari all'inflazione più un 3,58% ogni anno. Questo è il rendimento reale della Borsa, calcolato per dollari/usa: 100 investiti il 01/01/1970 sino al 31/12/2009 (i dati sono ottenuti considerando le variazioni dei prezzi delle azioni, gli utili reinvestiti e le imposte, correggendo il risultato per l'inflazione del periodo con benchmark MSCI USA).

In sostanza, è vero che nel lungo periodo la Borsa rende più dell'inflazione, ma le cose non sono così semplici come sembrano. Risulta infatti che, tra il 1970 e il 1981, il risultato di un investimento in Borsa è stato particolarmente negativo, con punte di perdita del 45% sul valore reale.

Tra il 1982 e il 2000 il risultato di un investimento in Borsa è stato eclatante (un aumento del 1.400% sul valore reale), mentre è stato di nuovo negativo tra il 2001 e il 2009 (- 42%), con un recupero parziale tra il 2003 e il 2006.

In conclusione, è vero che complessivamente negli ultimi 40 anni i rendimenti della Borsa sono stati positivi, ma questi rendimenti positivi sono legati a periodi di rapido aumento delle quotazioni, a fronte di lunghi periodi con risultati piatti o addirittura negativi.

Questa osservazione mi fa venire in mente altre due domande: quanto deve essere lungo il mio periodo di presenza in Borsa per ridurre il rischio? E, a parte questo forte rischio, vale la pena di investire per ottenere un rendimento del + 3,58% oltre l'inflazione, pagando il 3% l'anno di commissioni di gestione?

Investire in borsa è un gioco d'azzardo! Il capitale del singolo investitore, per quanto grande, è solo una goccia d'acqua all'interno del mare di una società per azioni. Pertanto il potere borsistico dell'investitore è pari allo zero: altri scelgono per lui e lo fanno in base ai loro interessi, seguendo un meccanismo complicato e misterioso, che solo pochi sanno leggere in anticipo.

Ci sono stati momenti buoni e fortunati per i piccoli investitori, ma, fatto 100 il totale, possiamo dire che questi rappresentano appena l'1%. Non conviene rischiare i propri soldi così e soprattutto non conviene dare retta alle sirene dei facili guadagni. La nuda proprietà a tempo determinato rappresenta invece l'investimento più sicuro e più remunerativo esistente sul mercato.

La sua redditività è il risultato di un semplice calcolo matematico, non della cabala borsistica. Se l'intero immobile vale 100 e l'usufrutto a 20 anni viene pagato 50, quando finisce l'usufrutto, la nuda proprietà torna a essere una piena proprietà che vale di nuovo 100. Nel frattempo però si è arricchita di quel 50 che ha pagato l'usufruttuario. Per raddoppiare il capitale, il nudo proprietario ha dovuto solo aspettare.

Il suo investimento inoltre sarà al netto dell'inflazione, perché il mercato immobiliare avrà automaticamente aggiornato la sua nuova valutazione e recuperato la perdita di valore della moneta.

L'investimento in nuda proprietà fatto da una società finanziaria per azioni, che si specializzi in questo ambito e che possa emettere azioni da offrire ai risparmiatori, potrà divenire un organismo finanziario funzionale alla vitalità del settore immobiliare.

Una società finanziaria che acquisti la nuda proprietà a tempo determinato degli immobili, consentendo alle agenzie per la vendita dei diritti reali di proprietà di collocare l'usufrutto a tempo determinato, potrebbe riscuotere un ampio consenso sia presso gli utilizzatori degli immobili, sia presso gli investitori.

La società per l'investimento in diritti reali immobiliari si rivolgerebbe, tramite le agenzie immobiliari specializzate a lei collegate, da una parte al crescente mercato delle affittanze, offrendo l'uso di immobili a prezzi concorrenziali, e dall'altra all'immenso settore del risparmio e degli investimenti, facendo valere l'alta redditività delle sue azioni e la sicurezza dell'investimento. Facendo della nuda proprietà immobiliare a tempo determinato un prodotto finanziario sicurissimo e molto conveniente.

Dovrà senz'altro essere una società di intermediazione immobiliare, autorizzata alla raccolta del risparmio privato da impiegare in investimenti azionari.

Con i rapporti che potrà vantare, non gli mancheranno i capitali necessari al suo pieno funzionamento. Il risparmiatore, deciso a investire direttamente il suo capitale, potrà acquistare le azioni della società al prezzo di quotazione del momento, tramite alcuni dei principali sportelli bancari e agenti di borsa.

La società potrà inoltre assumersi l'incarico di gestire il patrimonio degli enti pubblici o privati, cedendo l'usufrutto a tempo determinato agli attuali inquilini. Un onere che espleterà tramite l'A.P.R.I., la quale sarà certamente in grado di strutturarsi per svolgere la mansione di coordinamento dei condomini che in questo modo si creeranno.

La possibilità di sovvertire il settore immobiliare, diffondendo la cessione del diritto di usufrutto e della nuda proprietà a tempo determinato, magari anche con l'intervento del capitale degli enti pubblici e delle banche, darebbe a questa società finanziaria Spa la possibilità di divenire una struttura finanziaria di primaria importanza.

SEGRETO n. 33: per ridurre il debito pubblico eccessivo, anche lo Stato deve assolutamente fare ricorso alla costituzione di una sua società per i diritti reali, perché le soluzioni tradizionali sono tutte destinate al fallimento.
I termini in cui si presenta il problema sono sempre gli stessi, già conosciuti per casi simili che si sono verificati in precedenza.

Se si tenta di ridurre il debito pubblico introducendo nuove tasse e tagliando la spesa pubblica, si provoca una deflazione che renderà impossibile rientrare dal debito, perché comporterà un suo incremento pari a un multiplo del reddito lordo.

Se si espande la spesa pubblica in debito, si provoca un

incremento delle entrate fiscali, con immediato maggiore aumento dell'inflazione e del debito stesso. L'ultima manovra sul debito fatta si è limitata a frazionare e spostare le scadenze più in là possibile. Ora non ci resta che sperare perché, quando scadranno questi titoli, esca fuori una soluzione.

La lotta all'evasione, una tassazione equa e giustamente distribuita, i risparmi di bilancio, anche se sono obiettivi doverosi e auspicabili, non sono certo i rimedi più efficaci per la riduzione sostanziale di un debito eccessivo, che si è creato negli ultimi 30 anni e per ridurre il quale ce ne vorranno almeno altrettanti.

SEGRETO n. 34: non è sostenibile il pagamento delle scadenze (cambiali), con l'emissione di altri titoli (cambiali).

L'area del mondo occidentale di cui noi facciamo parte ha costruito un sistema di drenaggio delle risorse mondiali, sostenuto dal sostanziale monopolio delle comunicazioni marittime e dall'assenza di informazioni diffuse, che ci ha dato la possibilità di imporre i nostri prezzi all'acquisto e alla vendita di prodotti e servizi. Tutto questo ci ha permesso, per oltre tre secoli, di vivere al di sopra delle nostre effettive possibilità.

Dalla nostra supremazia sul resto del mondo abbiamo ricavato i mezzi economici per costruire città ricche di tesori architettonici e società capaci di diffondere benessere e istruzione ai suoi cittadini, di permettere l'accumulo di ricchezze e standard di vita sempre più alti.

Dalla metà del secolo scorso, i vecchi privilegi non sono più alla nostra portata. La festa è finita e, senza sostanziali cambiamenti, senza uno scatto d'orgoglio, le nostre economie diverranno prevalentemente domestiche. Dovremo restituire agli altri gli stessi vantaggi sin qui goduti e saremo tutti costretti a rinunciare a buona parte della nostra partecipazione nell'incremento della ricchezza mondiale.

Innanzitutto, per eliminare questo debito pubblico eccessivo, non possiamo più contare su economie sempre in espansione. Per il definitivo superamento di questa complicata situazione, come avviene nella lotta giapponese, si deve usare a nostro vantaggio l'energia e la potenza finanziaria che ora minacciano la stabilità del nostro sistema.

Bisogna attuare un progetto derivato dai diritti reali di proprietà immobiliare a tempo determinato, trasferendo in conto capitale a una società per azioni di diritto privato, posseduta totalmente dal Tesoro, la nuda proprietà degli immobili più adatti, di cui mantenere per 20 anni il diritto di usufrutto a tempo determinato, che vale – lo ricordo – il 50% del valore di perizia dell'intero parco. Le azioni di questa società avranno lo stesso valore di questi immobili e, al momento della loro emissione, ne rappresenteranno solo la nuda proprietà a tempo determinato, valendo il 50%.

La riunione dei due diritti in un unico diritto di piena proprietà avverrà dopo il ventesimo anno, con i valori immobiliari aumentati costantemente, anno per anno, e il capitale iniziale arrivato ad almeno il 55,837% del suo valore, per il recupero dell'inflazione tecnica (considerata al 2,5% l'anno) e del 155,837% per l'arricchimento totale dovuto alla confluenza del valore degli immobili trattenuti in usufrutto a tempo determinato dallo Stato, che avrà lo stesso incremento di valore dovuto al recupero dell'inflazione del 55,837%.

La rendita globale nei venti anni sarà del 211,674%, pari al **10,58%** l'anno, salvo che nel frattempo non si realizzino delle periodiche fiammate d'inflazione.

È evidente che, per i palesi vantaggi e per la sicurezza offerta, tutti si rivolgerebbero a queste azioni e, anche se solo modestamente invitati, convertirebbero tutti i titoli del debito pubblico da loro posseduti in queste azioni.

Se, ad esempio, questa operazione fosse stata fatta nel 2008, quando il debito pubblico era di 1.650.622.000.000 euro, e se si fossero scelti immobili che valevano almeno il doppio, selezionati tra i 50.000 immobili posseduti in Italia dallo Stato nel suo complesso, oltre a quelli posseduti all'estero, i possessori dei titoli del debito pubblico ancora in circolazione li avrebbero ceduti in cambio delle azioni di questa società, azzerando in questo modo il debito stesso.

SEGRETO n. 35: non si devono temere improbabili disastri se

lo Stato non è proprietario di immobili. Gli Stati in cui gli immobili sono tutti di proprietà di una società di diritto privato a capitale pubblico funzionano benissimo.

Il Tesoro si troverebbe subito alleggerito del pagamento del 3,5% l'anno, per gli interessi mediamente dovuti per il debito pubblico globale, e non dovrebbe più pagare 50 miliardi di euro l'anno per questi interessi. In 20 anni risparmierebbe almeno mille miliardi di euro, che potrebbe destinare allo sviluppo della economia e al rinnovo delle infrastrutture. Se questo fosse stato fatto prima, a quest'ora il debito pubblico sarebbe stato azzerato subito, senza un'inutile e impossibile versamento di "lacrime e sangue".

Nulla sarebbe cambiato per gli occupanti desti immobili ceduti, che avebbero continuerebbero a occuparli senza soluzione di continuità, anche alle stesse condizioni, per altri venti anni. Le nostre Città non avrebbero modificato minimamente il loro aspetto, gli immobili con valenza artistica o storica, resterebbero saldamente ancorati al suolo dove sono stati edificati, continuando a fornire per sempre il loro contributo al fascino delle nostre piazze e delle nostre vie.

Il bilancio pubblico italiano non dovrebbe più mostrare l'enorme debito che attualmente lo affligge e diverrebbe il più sano della UE. La disponibilità di mezzi finanziari che sarebbero messi a disposizione, avrebbe permesso di avviare un programma di opere pubbliche, ben finanziato con le risorse liberate dal fardello del debito.

È stupefacente notare come da queste norme del codice civile, trascurate da molti, si possa far scaturire un progetto di impiego degli immobili di così ampia portata, che possa estendere i suoi benefici riflessi su tutta l'economia.

RIEPILOGO DEL GIORNO 7:

- SEGRETO n. 31: la società per i diritti reali di proprietà può essere promossa da un socio, anche di minoranza, che sia in grado di attrarre altri soci finanziatori.
- SEGRETO n. 32: per fare funzionare al meglio la sua capacità operativa, la società finanziaria deve farsi affiancare da una rete di agenzie specializzate nella compravendita dei diritti reali di proprietà.
- SEGRETO n. 33: per ridurre il debito pubblico eccessivo, anche lo Stato deve assolutamente fare ricorso alla costituzione di una sua società per i diritti reali, perché le soluzioni tradizionali sono tutte destinate al fallimento.
- SEGRETO n. 34: non è sostenibile il pagamento delle scadenze (cambiali), con l'emissione di altri titoli (cambiali).
- SEGRETO n. 35: non si devono temere improbabili disastri se lo Stato non è proprietario di immobili. Gli Stati in cui gli immobili sono tutti di proprietà di una società di diritto privato a capitale pubblico funzionano benissimo.

Conclusione

Dall'esame del mercato immobiliare, osservato da un diverso angolo visivo, ho tratto le mie convinzioni, che sono confermate da semplici calcoli. Ritengo di avere solo accennato alle immense possibilità offerte da una diversa applicazione del diritto di proprietà e di averne trascurate molte, che potrai individuare tu stesso, portando avanti la riflessione che abbiamo iniziata assieme.

Sono sempre più convinto – e spero di avere fatto nascere in te lo stesso convincimento – che il bene "immobile" debba essere inteso come un oggetto che serve all'uso, ben distinto dal suo valore "immobile", appunto, destinato a riporre al sicuro i nostri risparmi e per questo preferibile ad altri tipi di investimento.

È arrivato il momento di rifiutare la convinzione che questi due aspetti degli immobili siano indivisibili. Per ottenerne la proprietà, il prezzo da pagare non deve più essere il suo intero valore, così come il suo intero valore non deve più essere la base per il calcolo della resa percentuale annua da pretendere per il suo utilizzo.

Questa distinzione è funzionale al conseguimento di ciascuno degli scopi solitamente perseguiti e riesce a conferire un più preciso ordine all'intero settore. Il risparmio privato degli italiani ammonta a 9.000 miliardi di euro, di cui due terzi sono investiti in immobili. Farli rendere di più di quanto non avvenga oggi avrebbe straordinari riflessi positivi su tutta l'economia.

Quella parte di risparmio privato, che ammonta a circa 3.000 miliardi di euro e che attualmente si dirige, per i due terzi, verso il mercato azionario, senza ottenere sempre il risultato positivo che ci si aspetta, rappresenta un'importantissima fonte di possibili investimenti in nuda proprietà. Questo oltretutto priverebbe gli speculatori che agiscono in Borsa di una buona parte del loro "parco buoi", dal quale traggono alimento per le loro rendite.

Non mancheranno certamente i detrattori di questa distinzione tra le funzioni degli immobili in diritto di usufrutto a tempo determinato e nuda proprietà, i quali potranno elencare diversi argomenti per spiegare la loro contrarietà al cambiamento, sostenendo ad esempio che, dal momento che si è fatto sempre in un certo modo, vale la pena di continuare così.

Sono le opposizioni più difficili da contrastare, perché ideologiche e irrazionali, quindi le più radicate. Noi contiamo però che in ogni caso vincerà il buon senso. L'indubbio successo delle iniziative che potrete intraprendere con l'utilizzo dei diritti di proprietà immobiliare a tempo determinato e la vigoria delle vostre attività saranno gli argomenti più convincenti e inoppugnabili per ottenere un sempre maggiore consenso.

Mario Manzo

www.ingramcontent.com/pod-product-compliance
Ingram Content Group UK Ltd.
Pitfield, Milton Keynes, MK11 3LW, UK
UKHW022021190726
13853UKWH00005B/2040

9 788861 743168